고교학점제
어떻게 대비할 것인가

현직 교사들이 집필한
완벽 입시 가이드북

고교학점제

어떻게
대비할
것인가

김성아, 허인선, 조설아 지음

유아이북스
Ultimate Information

머리말

    고교학점제와 2028 대입 개편안이 발표된 이후, 학교 현장은 이에 대응하고 시행 준비를 하느라 바쁩니다. 사교육 업체들도 고교학점제 관련 학부모 설명회를 개최하는 등 적극적으로 여러 행사를 하는 걸 보았습니다.

    사교육이 필요 없다고 말할 수 없지만, 때때로 학부모와 학생들의 불안감을 자극하는 광고 문구들이 본질을 왜곡하고 혼란을 부추기고 있지 않은지 현장 교사들로서 우려스러운 점도 있었습니다.

    저희는 초·중·고등학교에 각각 근무하며 자녀들을 키우는 평범한 교사이자 엄마들입니다. 교사이지만 초등학교에서만 근무하면 중·고등학교 상황을 알기 어렵고, 반대의 경우도 마찬가지입니다. 사실상 본인 자녀가 그 학교급에 입학할 때쯤 경험을 통해 정보를 수집하게 됩니다. 그래서 고교학점제 시대를 살아갈 자녀들을 키운다는 공통점을 갖고 있기에 서로 정보를 공유하면서 치열하게 고교학점제에 대해 연구하였습니다. 어떻게 자녀를 양육하고 교육해야 할지, 더 나아가 학교에서 만나는 제자들을 어떻게 가르치고 상담해줄지 고민했습니다. 다양한 자료를 읽고 토론하며 고교학점제 시대에 필요한 생존 전략을 찾기 시작했습니다. 그리고 나름의 결과물들을 동시대를 살아가는 학부모님들과도 공유하고 싶다는 생각에 책을 출간하게 되었습니다.

책을 쓰며 한 가지 중요한 사실을 깨달았습니다. 이제 초·중·고 교육은 분절되어서는 안 되며, 통합적인 접근이 필요합니다. 각 학교급에서 일관되게 함양해야 할 중요한 역량이 있으며, 이를 잘 발달시키는 것이 가정과 학교의 역할입니다. 이 책은 고교학점제 시대 1등급을 받는 비법이나 생활기록부를 잘 구성해 학종에 합격하는 방법, 인서울 대학에 입학하는 비결을 제시하지 않습니다. 이러한 것들은 부수적인 결과이지 본질이 아니며, 양육과 교육의 목표가 될 수 없기 때문입니다.

인공지능 시대이자 고교학점제 시대에 우리 아이들에게 필요한 역량은 자기주도성입니다. 학습하면서 중요한 것과 중요하지 않은 것을 구별하고 정리하며, 질문하고 탐구하는 능력, 학습 계획을 세우고 실천하는 자세, 진로를 적극적으로 탐색해 필요한 과목을 선별하는 능력, 새로운 일에 도전하고 실패하면 피드백을 받아 수정하는 과정이 필요합니다. 자기주도적이고 능동적인 아이는 시키는 대로 공부하고 암기만 잘하는 아이보다 훨씬 각광받습니다.

이 책을 쓰면서 여러 학부모님을 떠올렸습니다. 하루 종일 집안일과 직장 일에 치여 자신을 돌볼 시간조차 없는 분, 저녁 시간에 학교와 학원에만 자녀를 맡길 수 없어 피곤한 몸으로 숙제를 봐주는 분, 바뀌는 교육 제도에 대해 전문적인 용어 때문에 답답함을 느끼는 분, 게임만 하는 아이를 걱정하면서도 뾰족한 수가 없어 답답해하는 분 등 다양한 모습의 학부모를 볼 수 있었습니다.

복잡하고 어려운 입시 용어와 공포와 불안감을 조장하는 사교육 업체의 컨설팅 정보를 몰라도 됩니다. 우리 아이를 사랑하는 마음과 자녀가 잘 자랄 수 있다는 믿음, 새 시대 흐름에 맞는 인재가 무엇인지 알고 약간의 노력을 기울이려는 의지만 있다면, 우리 자녀들 모두 자신이 맡은 분야에서 성공하고 행복하게 살아갈 수 있다고 확신합니다.

이 책이 자녀 교육과 양육의 위로이자 동반자, 길잡이 역할을 하기를 기원합니다.

2024년 7월 1일
저자일동 씀

1장

성공적인 진로진학
마스터키:
자기주도성

조설아 교사

1 고교학점제와 자기주도성

자기주도성은 자기 스스로 계획을 세우고 실천해 나가는 성향입니다. 고교학점제는 학생이 본인 적성과 흥미에 맞는 과목을 선택하여 학점을 채우고 졸업하는 시스템입니다. 선택도 본인이 하고, 학습도 스스로 해나가야 하며, 결과에 따른 책임도 져야 합니다. 교육 명언 중에 "말을 물가까지 데리고 갈 수 있으나 강제로 물을 마시게 할 수 없다"라는 말이 있습니다. 자기주도성은 교육의 핵심입니다. 소아·청소년 정신과 전문의인 오은영 박사는 "양육의 목표는 자녀의 독립"이라고 강조하곤 합니다. 독립은 자기주도성이 밑바탕이 되어야 이룰 수 있습니다. 교육과 양육은 자기주도성을 길러주고 궁극적으로 아이들을 자립하게 만드는 것에 온 힘을 쏟아야 합니다.

2028 대입제도 개편 시안이 발표되고 대학 입시가 획기적으로 크게 바뀌었다고 생각하실 수 있습니다. 형식적인 측면이 내신 5등급제, 수능 선택과목 폐지 등으로 분명 바뀌었지만 제도의 형식이 변해도 내용이 가리키는 근본 방향은 한결같습니다. 교육제도는 시대와 사회가 요구하는 적합한 인재를 길러내기 위해 변해왔습니다. 그리고 예전부터 어떤 제도가 도입되었든 자기 스스로 진로, 진학, 학습의 목표를 세우고 노력을 기울인 학생이 실패한 경우는 없습니다.

물론 성공과 행복이 무엇인지 각자 견해는 다르겠지만, 흔히 말하는 메디컬 직종 같은 전문직이 되는 것만이 성공은 아닙니다. 또 학벌주의에 편승해 유명한 대학 간판 취득이 성공과 행복의 지름길도 아닙니다. 적성을 발견하고 키워나가 어떤 분야에서든지 자부심을 느끼고 산다면 이것이 성공과 행복입니다.

고교학점제를 대비하여, 본문에서는 초등학교, 중학교, 고등학교 각 시기에 학부모님들이 고교학점제를 대비하여 자녀의 자기주도성을 길러줄 방안을 제시하였습니다. 아울러 학생이 자기 흥미와 적성을 잘 찾을 수 있는 진로 진학에 도움이 되는 정보와 가정에서 부모님이 학생과 함께 해볼 만한 수행 과제들을 알려드립니다.

우선 자기주도성이 진로 진학을 성공으로 이끄는 데 정말 도움을 줄까요? 몇 가지 사례를 들어 설명해 드리고자 합니다.

2 진로진학 성공 사례

필자가 고등학교 진로진학상담교사로 지내면서 만난 수많은 학생 중 진로 계발에 있어 뚜렷한 역량을 보여줬던 학생들의 사례를 들어보고자 합니다. 대학 진학 결과만을 두고 진로 계발이 잘 되었는지를 판단할 수 없으나 고교학점제가 활성화되어 이뤄지는 일반계고등학교의 목표가 대입 진학이므로 우선 대입 진학 사례 중 우수하다고 판단되는 학생들의 이야기를 통해 우리가 얻어야 할 교훈을 생각해 보고자 합니다.

참고로 사례에 제시된 학생들은 2015 개정교육과정 하에서 과목 선택을 하고 공부한 학생들로 2021년~2023년 대학 입학생입니다. 2015 개정교육과정의 과목 선택은 고교학점제의 과목 선택과 그 맥을 같이 합니다. 고교학점제라는 말만 도입되었을 뿐 그 지향점과 고등학교 생활은 2015 개정교육과정 시기부터 거의 변함이 없습니다. 참고로 여기 소개된 학생들은 다른 외부 사설 업체의 학교생활기록부 관리 컨설팅을 받지 않았으며, 오로지 학교 선생님들과 상의하며 학교생활기록부를 관리해 나갔음을 알립니다.

(1) '자기주도성'이 강한 아이

✎ 2등급, 전문대 물리치료과 진학

2등급 정도 되는 여학생 이야기부터 하겠습니다. 학생은 고등학교 일본 교환 학생으로 가고 싶다고 했습니다. 1학년을 마치고 약 8개월 뒤 돌아온다고 하더라고요. 정상적인 진급은 가능하지만 2학년 때 내신성적 일부가 없기 때문에 수시에서 불이익일 수 있음에도 불구하고 과감히 도전했습니다. 교환학생을 마치고 돌아온 아이는 각종 진로 특강과 체험에 적극적으로 참여하고 일본어 특기와 적성을 살려 일어일문과 진학도 염두에 둔 상태였습니다.

그런데 3학년 12월 수시 합격 발표가 마무리될 무렵 진로상담실에 친구들과 찾아왔는데 전문대학의 물리치료과에 진학한다고 말하더군요. 부모님과 상의 결과 취업이 확실히 보장되는 곳을 가는 것이 좋겠다는 결론을 내렸고 간호학과는 적성에 맞지 않기 때문에 물리치료과를 선택했다는 겁니다.

당시 이 여학생이 진학하는 전문대 물리치료과의 평균 입결(입시결과)은 4등급대였습니다. 학생의 얼굴에는 아쉬움이 없었습니다. 늘 본인의 의지대로 능동적으로 행동하는 학생이기 때문에 크게 걱정하지 않았습니다. 사실 보통 일반고 2등급대 학생들은 전문대학에 진학하기를 꺼립니다. 세간의 평판이나 타인의 시선보다는 본인의 계획과 목표에 충실한 학생이 필자는 존경스럽기까지 했습니다.

(2) '도전정신'이 강한 아이

✎ 평범한 일반고 학생, 한국장학재단 해외 유학 장학생 되다!

지방의 일반계 고등학교에 다녔고 늘 메모 수첩을 들고 숙제나 해야 할 일을 기록하는 모습이 인상적인 2등급대 학생이 있었습니다. 영상 제작에 관심이 많아 방송반 활동을 했고, 자신이 촬영한 학교 전경을 컴퓨터 프로그램으로 작업해 멋진 작품을 제작하기도 했습니다. 이 학생이 '국비 해외 유학 장학생' 선발에 도전하겠다고 했을 때 '전국에서 몇 명 뽑지 않는데 될까?'라는 의구심이 들었습니다. 2023년의 경우 한국장학재단은 전국에서 30명 내외의 장학생을 선발하였습니다. 매년 그 정도의 인원만을 선발하므로 '설마 되겠어?'라고 생각했지만 내색은 하지 않았지요. 학생이 워낙 적극적이었기 때문에 자기소개서를 봐주고 추천서를 써주고 공문을 발송했습니다.

자기소개서는 당시 대입 자기소개서와 질문이 비슷하였고 학생이 어떤 목표를 갖고 있는지, 그리고 이에 상응하는 구체적인 노력을 기록해야 했습니다. 생활기록부 기록과 학생의 활동을 토대로 애니메이션이나 3D 영상 기술을 공부할 수 있는 미국 유수의 대학에 진학하여 공부한 뒤 한국으로 돌아와 후학을 양성하고 영화제작에 참여하기를 희망한다는 진로 목표를 그대로 적었습니다. 당시 교장선생님께서도 도전을 적극 응원했던 기억이 납니다만 역시 '좁은 문'이라 결과는 장담할 수 없기에 솔직히 큰 기대는 하지 않았습니다.

그런데 이 녀석이 선발 서류를 통과하고 영어 면접에 올라간 것입니다. 학교는 난리가 났고 영어 선생님과 함께 영어 면접을 준비하며 최종 합격하여 신문 기사까지 실렸습니다. 어릴 때부터 혼자 회화 공부를 한 것은 맞지만 절대 유창한 회화 실력은 아니었기에 정말 급하게 영어 면접을 대비했습니다. 그리고 결국 해외 유학 장학생으로 선발되었습니다.

그 학생은 해외 유학 장학생이 되었지만 학교 공부도 소홀히 하지 않았고 이후로 열심히 영어 회화 공부에 매진하였습니다. 방송반 활동도 여전히 열심히 했습니다. 졸업 후 국비로 미국 유학을 갔고 방학 때 한국으로 오곤 합니다. 미국에서 다양한 국적의 아이들과 교류하며 창업동아리 활동을 하는 등 신명 나게 대학 생활을 즐기고 있다고 합니다.

만약 당시에 누군가 이 학생에게 "전국에서 몇 명 뽑는데 네가 될 것 같아?"라고 도전을 주저시키는 말을 했다거나, 학생 스스로 '내가 될 리가 없다'라 생각하고 서류조차 내지 않았다면 어떻게 되었을까요. 이 일

이후로 늘 학생들에게 말합니다. 생명에 위협을 주는 치명적인 일이 아니라면 무조건 도전해 보라고, 도전하지 않는다면 기회조차 잡을 수 없기 때문입니다.

(3) '목표 의식'이 뚜렷한 아이

✎ 3등급 후반, 수도권 공대 진학

이 학생은 3등급 후반대의 성적이었습니다. 수도권 산업공학과 진학을 희망했기에 학생은 1학년 때부터 선생님이 조언하는 것은 무엇이든 했습니다. 방과후 저녁 시간에 이뤄지는 '고교−연계 대학 전공 진로 프로그램'에 참여하여 산업공학과 교수님의 수업을 들었고, 공대 진학에 필요한 물리와 화학을 이수했습니다. 3학년 때는 '미적분'과 '확률과 통계'를 모두 수강하겠다고 해서 말릴 지경이었습니다. 성적이 떨어질까 봐 내심 걱정을 했던 것이지요. 그런데 학생은 학생부종합전형을 위해, 또 공대 진학 후 공부에 필요한 과목들이므로 무조건 수강하겠다고 의지를 불태웠고, '미적분', '확률과 통계', 심지어 '경제수학'까지 열심히 수강했습니다.

최종 성적이 높진 않았지만 좌절하지 않고 본인의 성적대에 맞는 대학들에 원서를 넣었습니다. 아주대는 예비 번호 9번을 받아 불합격했지만, 경기대와 한양대 에리카는 합격하였습니다. 지방의 거점 국립대학 1곳도 합격하였습니다. 학생은 산업공학과에 진학한 뒤 졸업 후 식품회사를 창업하고 싶다는 아주 뚜렷한 비전을 갖고 있었고 생활기록부에 이와 관련한 역량과 활동 상황이 잘 기록되어 있었습니다.

목표가 뚜렷하니 두려울 게 없었던 겁니다. 성적이 떨어질까 지원 학과나 계열에 필요한 과목을 배우지 않는 학생들이 있는데 이 학생은 정석대로 과목 선택을 했습니다. 뚜렷한 목표 의식이 있기에 가능한 일이라고 생각합니다.

(4) '진로 유연성'이 있는 아이

✎ 4등급 후반에서 지방 거점 국립대학 장학생이 되기까지

평소 상담실에 자주 오는 성실하고 착한 남학생이 있었는데 1학년 종합 성적이 평균 4.8로 높진 않았습니다. 이 학생은 지역의 거점 국립대학 문과 계열 진학을 희망했습니다. 사실 4.8등급은 그 대학 어느 학과도 진학이 힘들고 불가능하였습니다.

"○○야, 성적이 3등급 중후반대까지 올라온다면 이 대학에서 ○○학과, △△학과, □□학과를 갈 수 있어, 대신 학종 준비도 해야 하는데 위에서 말한 학과 중에 관심 있는 학과가 있니?"

"선생님, 저 독문과 갈래요."

"○○야, 독문과 가서 독일어 열심히 공부하고 복수 전공이랑 취업 준비도 잘할 수 있지?"

"네, 선생님. 저 뭐든 할 거예요."

이날부터 학생은 독문과 학종 준비를 시작합니다. 공동교육과정 독일어를 수강하기를 조언하자 학생은 열심히 수업을 들었습니다. 외국어 관련 진로 체험은 무조건 참여했고 기타 경영이나 경제 무역 관련 특강이나 체험에도 적극 참여했습니다. 유튜브나 기타 포털사이트 등을 통해 독문과 진로진학에 대한 정보를 끊임없이 탐색하기도 했고요.

목표가 생기고 희망이 보이니 성적이 오르기 시작했습니다. 학생은 독일어를 공부하고 여러 체험활동과 탐구를 하면서 대학 진학 후 독일 유학을 가서 통일문제연구를 하면 좋겠다는 목표를 세우게 되었습니다. 2학년 후반부터 3학년 시기 생활기록부에 자연스럽게 통일에 대한 탐구를 한 내용들이 기록되기 시작했습니다. 학생은 소망했던 우리 지역의 거점 국립대학인 전남대학교 독문과에 학종으로, 그것도 장학생으로 진학하게 되었습니다. 학생이 졸업식 전날 와서 제게 이렇게 말했습니다.

"선생님, 저 정말 학종 준비 안 했으면 대학 떨어질 뻔했어요. 감사해요."

면접 때 교수님이 독일어로 질문을 했는데 공동교육과정에서 배웠던 독일어로 눈치껏 답변했고 교수님이 좋아하셨다는 이야기를 듣고는 얼마나 장한 생각이 들었는지 모릅니다.

우리가 진로를 결정할 때 점수 맞춰 결정하는 게 가장 최악이라고 하지만 딱히 적성을 찾지 못한 상태라면 이런 유연적인 태도의 선택이 좋게 작용할 수 있습니다. 교과 전형이나 정시는 전혀 준비가 안 된 상태에서 묻고 따지지도 않고 성적 맞춰 대학에 가지만 학생부종합전형이라면 충분히 2년 이상 준비를 하므로 그 학과에 대한 준비가 어느 정도 되어있는 상태입니다. 학생은 독문과에 대해 "거기 나와서 뭐해요?", "우리 엄마가 거기 가지 말라고 했어요", "저는 경영학과만 가고 싶어요"라고 고집을 피우지도 않았습니다. 무엇이든 배우면 다 할 수 있다고 의지를 불태웠습니다.

이 학생은 수시 원서를 쓸 때 동국대 북한학과도 지원했습니다. 보통 '북한학과'라는 이름을 들으면 "거기 나와서 뭐 하죠?"라고 물을 법도 합니다. 그런데 이 학생의 아버지는 "북한학과도 좋다, 앞으로 남북 통일문제와 북한에 대해 더 많이 연구하는 것이 필요한 시대이기도 하다"라며 적극 찬성하셨다고 합니다. 부모님의 유연적인 태도와 긍정적인 마음가짐을 자녀가 자연스럽게 습득한 것이 아닐까 하는 생각이 듭니다.

(5) '호기심과 적극성'이 있는 아이

✎ 문과에서 이과로 진로 변경,
　　서울대 항공우주공학과 입학

서울대학교 항공우주공학과에 입학한 남학생 사례입니다. 1학년 때 수업에 들어가면 그 학생 책상 위엔 늘 세계 고전 소설들이 올려져 있는 것을 볼 수 있었고 3~4분 자투리 시간이 남으면 책을 읽곤 하는 학생이었습니다. 게다가 동아리 밴드부 활동을 하면서 전자기타를 맡아 연주했는데 축제 공연 때 그 모습에 많은 여학생이 반해버릴 정도로 팔방미인이었습니다. 1학년 초반에 상담했는데 문헌정보학과로 진학하여 사서를 하고 싶다고 했습니다. 그래서 생활기록부 활동들도 그쪽 관련 내용들을 탐구한 흔적들이 채워졌고 2학년 과목 선택도 문과 과목 위주로 과학 대신 사회를 선택했습니다.

그런데 1학년 말, 11월에 물리 선생님을 따라 별 관측 체험을 가게 되었다고 합니다. 그 체험에서 별 관측에 푹 빠진 이 학생은 우주공학 쪽으로 진로를 바꾸고 12월에 과목 선택을 바꿔서 이과로 완전히 방향을 선회합니다. 그리고 서울대학교 항공우주공학과 입학을 위해 노력했습니다. 2학년 때는 학생 부회장까지 역임했고 그해 회장단은, 교사들과 교장선생님까지 이런 애들이 없다며 입이 마르게 칭찬할 정도로 열심히 활동하였습니다. 정말 언제 공부하나 할 정도로 다양하고 유익한 활동을 주도하고 펼쳤습니다. 늘 아침마다 일찍 나와 등교 맞이를 하는 교사들을 돕던 모습이 아직도 눈에 선하네요. 바쁜 와중에도 서울대를 지망했기에 공부를 게을리하지 않았습니다.

당시 근무하던 학교에서는 전년도 서울대 합격생을 배출하지 못했고 그 전년도에도 단 1명이 진학했을 뿐이었습니다. 서울대가 진로 진학의 지표는 아니지만, 학생부종합전형으로만 수시를 선발하는 학종의 최정점이고 우리나라 최고의 학부인 건 사실입니다. 그런 서울대에 입학생을 배출했다는 것은 분명 일반고 진로진학 교육에 있어 의미가 있기 때문에 진로교사로서는 서울대 수시 합격에 대해 신경 쓰지 않을 수 없었습니다.

어찌 보면 생활기록부 스펙이 안 좋다고 평가받는 지방 일반고에 근무하면서 필자는 항상 학생들에게 이렇게 말했습니다.

"생기부는 학생이 탐구한 흔적을 녹여내는 것이지, 교사와 학교가 멋진 글로 포장해 주는 기록물이 아니다. 선배들이 어떤 입시 결과를 냈든 무시하고 각자 자리에서 최선을 다하라."

이런 독려와 함께 학생부종합전형을 준비하라고 3년 동안 지도했습니다.

물론 필자의 잔소리와 가이드 때문만은 아니고 아이들이 열심히 한 결과이겠지만 이 학생이 서울대에 합격한 그해에 서울대 1차는 3명이 합격하였고 최종으로는 2명이 합격하였습니다. 서울대를 무수히 많이 보내는 학교에서는 2명, 3명이 별거 아닌 숫자처럼 보일 수 있지만 학교장 추천 지역 균형 전형도 떨어지는 경우가 있는 지방 일반고에서 1차 합격 3명은 감격스러운 결과였습니다. 이 학생이 대학에 진학한 후 '선배와의 대화'에 초대했습니다.

　　"○○아, 서울대 진학하니까 어떠니? 서울대 공대 다니다가 의대 간다고 재수하는 사람도 많다던데 사실이니?"

　　"네, 많아요. 그럴 만도 하겠던데요. 근데 저는 이 공부가 좋아요."

　　학생들이 가장 걱정하는 점은 생활기록부상으로 진로가 바뀌어 버리면 학생부종합전형에서 불이익을 받는 게 아닌가 하는 점입니다. 그러나 완벽하게 1학년 때 생기부 탐구 내용이나 관심사가 문과 쪽이었으며 심지어 동아리 활동이 밴드부였던 학생도 2학년 때 이과로 진로를 바꾸면서 전혀 무리 없이 한 번에 서울대에 합격하였습니다.

　　그래서 무엇보다도 무슨 경험이든지 호기심을 갖고 체험해 보는 것이 중요합니다. 고1 11월, 그때 이 학생이 별을 보러 가는 체험을 가지 않았다면, 기말고사가 다가오는데 무슨 별 보기냐며 무시했다면, 어떤 결과가 나왔을까요? 기본적으로는 자기주도성과 긍정적인 자아개념이 있는 학생이라 어떤 진로든지 잘 개척했겠지만 단언컨대 우주 항공산업 분야에서 정말 좋은 인재 하나 잃었을지도 모릅니다.

(6) '선택과 집중'을 잘하는 아이

✎ 6등급, 사육사가 되기 위한 선택

6등급대 남학생이었습니다. 착하고 성실한 학생이었는데 3학년 진급하자마자 상담 신청을 했습니다. 사육사가 되고 싶어서 정보를 찾아봤더니 동물 관련 학과를 나와야 한다는데 자기 성적으로 어디를 갈 수 있을지 모르겠다는 겁니다. 솔직히 거의 갈만한 대학이 없는 상황이었죠. 결국 우리 지역에서 아주 멀리 떨어진 지역의 전문대학교 동물 보건과를 찾아냈습니다. 당시 우리 지역에는 동물 관련 학과가 개설된 대학은 거점 국립대학뿐이었는데 2등급대 성적이 진학하는 곳이라 언감생심이었으니 전국을 뒤질 수밖에 없었습니다.

학생은 우리 지역에서 한참 떨어진 곳임에도 불구하고 합격만 할 수 있다면 상관없다고 말했습니다. 혹시 떨어질 가능성이 있어서 차선책도 이야기해 주었습니다. 서울의 직업전문학교 중 내신성적 무관하게 면접만으로 동물 분야 전공을 배울 수 있는 학교가 있다, 학점은행제를 통해 대학 졸업 자격을 얻는다, 사육사로 취업을 한 사례들도 있다고 말해주었습니다. 학생은 전문학교도 상관없다, 사이버대학도 괜찮다며 사육사가 될 수만 있다면 뭐든 좋다고 했습니다.

이 학생을 상담하면서 인상 깊게 남았던 이유는 본인이 포기할 것은 빨리 포기할 줄 알았다는 점입니다. 보통 학생들은 시골 전문대학이라면 눈살을 찌푸리고 사이버대학 이야기를 하면 불쾌해합니다. 그러나 이 학생은 성적이 낮았어도 그 한계 안에서 최선의 선택을 찾으려 했고 불필요한 에너지 낭비를 하지 않았으며 목표를 이루기 위한 최적의 선택에만 집중했습니다.

대부분 하위권 학생은 뚜렷한 목표가 없고 성적 맞춰서 아무 데나 가겠다고 하는 경우가 많습니다. 하지만 이 학생은 다행히도 본인의 적성을 찾기 위해 꽤 노력을 기울였고 그래서 방법을 찾게 되었습니다. 성적이 낮은데 무턱대고 이름값이 높은 대학에 가겠다고 고집을 부리지도 않았고요.

실제 하위권 학생 중 무조건 "△△대 이상은 가야 한다"라고 고집을 부리는데 성적이 되지 않는 경우 진학지도가 어렵습니다. 물론 재수나 삼수, N수를 각오하냐고 물어봅니다. 수시 성적으로 불가하므로 정시 도전을 이야기하지만 결국 얼마나 시간과 기타 자원을 투자할 수 있느냐의 문제로 돌아오게 됩니다.

'입시낭인'이라는 말이 있습니다. 학교생활 부적응, 의료계열로의 진학, 인서울 진입 등을 꿈꾸며 매년 여러 차례 재수하는 학생인 N수생이 증가하는 추세입니다. 젊은이들이 다양한 진로를 개척하지 않고 젊은 시절을 입시 공부에만 매달리면서 우리가 치러야 할 사회적 비용도 커집니다. N수는 사회 진출 시기를 늦춰 생산 인력을 감소시키고, 결혼·출산에도 연쇄적으로 악영향을 준다는 관측도 있습니다. 내로라하는 인재들이 모두 '의대 블랙홀'에 빨려 들어가면서 반도체로 대표되는 첨단 산업과 기초과학의 근간인 자연 계열에선 인재 수급에 난항을 겪고 있다고 합니다.

어떤 학생들은 자기만의 비전이 없는 채로 무조건 대학 이름에 목숨을 거는 겁니다. 낮은 성적과 서열이 높은 대학을 향한 열망이 만나면 최악의 결과를 낳는 수가 많습니다. 여기에다 부모님의 편견과 강압이 가해진다면 정말 숨조차 쉬기 어렵습니다.

　진로 설계에 있어 성적과 상관없는 선택과 집중, 내려놓을 것들은 빨리 내려놓는 지혜가 필요합니다. 상위권 학생들은 학생들대로 과도한 욕심을 버리지 못한 채, 뭘 취하고 뭘 버려야 할지 모르겠기에 수시 원서 6장을 고민합니다. 학생들에게 수시 원서 6장 쓰는 것은 결국 "욕망의 투영이다"라는 말을 하곤 합니다. 욕망을 모두 채우며 살 수 없습니다. 적성과 대학 간판 중 어떤 것을 우선시할지 선택과 집중이 필요합니다. 이를 위해 미리부터 적성과 흥미를 파악하는 노력을 게을리하지 말아야 합니다. 자신에 대해 스스로 잘 파악한다면 3학년 입시 상담 때 불필요하게 스트레스를 받지 않아도 될 겁니다.

(7) '열정과 성실성'으로 무장한 아이

✎＿ 4점 중반 등급에서 1등급이 되기까지

　필자가 가르친 학생은 아니지만 근무하는 학교에서 '선배와의 대화'에 초빙했던 여학생입니다. 이 여학생이 대학에 진학했던 해의 수시 결과를 분석해 보니 지역거점 국립대학인 전남대에 학종으로 합격한 학생은 단 2명뿐이었고 나머지는 교과전형으로 합격하였더라고요. 아무래도 학생부종합전형으로 합격한 학생의 이야기가 듣고 싶었기에 이 학생을 초빙하였습니다. 대학에서도 여전히 학교생활을 잘하고 있었으며 대학 홍보단으로도 활동하고 있었습니다.

　당시 학생의 강연이 상당히 인상 깊었고 후배들에게 많은 귀감이 되었습니다. 1학년 1학기 성적이 평균 4점 중반대가 넘었기 때문에 지역의 거점 국립대학에 가고 싶은데 안 되겠다는 생각이 들었답니다. 그래서 열심히 공부하고 생활기록부를 챙겼다는 내용까지는 학종으로 대학 간 학생 누구에게나 들을 수 있는 성공담입니다. 진로를 탐색하는 과정에서 경찰에 관심을 가졌고 지역의 거점국립대학에는 경찰행정학과가 없어서 당시 입결 2등급대였던 사립대학의 경찰행정학과에 입학하고자 결심합니다.

성적을 올리기 위해 급식 시간을 포기했다는 말은 상당히 인상 깊었습니다. 정확히 말하면 3학년 때 성적을 더 올리기 위해 급식을 먹으러 내려가는 시간이 아까워서 삶은 계란과 방울토마토를 먹으며 공부했고 화장실을 가면서 영어 단어를 외웠다고 합니다. 그런 노력 끝에 3학년 1학기 성적은 1등급대로 마무리됩니다. 하지만 1학년 성적이 4등급 대이다 보니 평균 3점 초반의 성적이 나옵니다. 대부분 대학교 수시 전형에서는 3년 동안의 평균 성적을 반영하기 때문입니다.

3학년 담임선생님이 지역 거점 국립대학의 당시 입결 2등급대인 자율전공학부[1]에 원서를 넣으라고 권유하여 원서를 넣게 되는데 면접을 보러 오라는 연락을 받습니다. 학생은 자신의 생활기록부를 해부하다시피 독파하고 면접 보는 대학의 역사부터 건물 이름, 인재상까지 모든 것을 공부합니다. 그리고 면접에서 마지막으로 하고 싶은 말을 하라고 하자 이렇게 말했다고 합니다.

"이 대학은 진리, 창조, 봉사를 기치로 내걸고 있습니다. 그런데 이 대

---

1 특정한 전공을 정하지 않고 입학하여 2학년 진급할 때 전공을 선택하는 학과입니다. 대학마다 운영 형태는 다르나 1학년 때 전공을 정하지 않고 추후 전공을 정하는 형태는 동일합니다. 선택 시기나 전공 선발 기준은 대학마다 다릅니다. 최근 논의 되고 있는 무전공제로 봐도 무방합니다.

학에 진리관, 창조관은 있지만 봉사관은 없습니다. 저를 합격시켜 주신다면 걸어 다니는 봉사관이 되겠습니다."

정말 소름 돋는 답변이지요. 학생은 합격하였습니다. 물론 모 대학의 경찰행정학과에도 합격했지만 등록하지 않고 자율전공학부에 입학하였습니다. 경찰이 꿈이었지만 대학 진학 후 사회복지 쪽으로 꿈이 바뀌었다고 하더라고요.

후배들도 그렇고 저도 이 학생의 강연을 들으며 몇 번이나 소름이 돋았는지 모릅니다. 급식 시간과 쉬는 시간을 아껴가며 공부했다는 대목이나 면접 상황 말이지요. 학생들은 늘 성적을 올리고 싶다고 말하면서도 공부에 시간을 투자하지 않습니다. 공부하기 위해 급식을 먹지 말아야 한다는 이야기가 아닙니다. 진짜 원하는 것이 있다면 노력과 열정이 필요합니다.

(8) '자기주도성과 유연성'을 지닌 아이

✏ 1등급, 의대 안 가요, 서울대 물리교육과 진학

이 친구는 성실하고 선했으며 수학과 과학에 남다른 재능이 있었습니다. 1.1~1.2의 성적을 유지하고 있었고 장래 희망은 물리 교사였습니다. 부모님이나 교사들은 의대나 이공계 진학을 권유했습니다. 필자 역시 2학년 여름 무렵까지 진학 학과를 바꾸라고 설득했습니다. 그런데 아이가 결국 이렇게 말하더군요.

"선생님, 제가 초등학교 3학년 때 다리를 다쳐 한 달간 걷기가 힘들었어요. 근데 우리 담임선생님께서 저를 엎고 등하교를 시켜줬어요. 그때 담임선생님 같은 선생님이 되리라 결심했어요. 제가 물리를 좋아하니까 물리 교사가 될래요."

이 말을 듣고 왠지 모르게 저 자신을 반성했고 이후로 아이의 꿈을 지지하며 서울대학교 물리교육과 입학 준비를 도왔습니다. 그리고 마침내 서울대 물리교육과에 합격하였습니다. 정말 얼마나 확고한 신념의 소유자인지, 수시 원서 쓰는 시기에 고3 담임선생님과 부모님이 의대 1장만 써보자는 걸 끝까지 안 썼습니다. 고려대 수학교육과에 1차 합격하였고 서울대와 더불어 한전 공대, 연세대 전기전자공학부도 최종 합격하였습니다.

이 친구가 서울대에 진학한 후 '선배와의 대화'에 강사로 초빙하였습니다. 강연이 끝난 후 질문을 하였지요.

"○○아, 아직도 교사하고 싶니?"

근데 여기서 이 친구의 답변이 기가 막힙니다.

"아니요. 대학 오니 교사 말고도 길이 많다는 걸 알았어요. 교사할지 안 할지 잘 모르겠어요. 다른 진로에 대해서도 고민하려고요."

아하! 이게 바로 현실의 진로 설계라는 생각을 하였습니다. 과거의 확고한 신념은 현재와 미래, 얼마든지 변할 수 있습니다. 더 넓은 세상에서 정보를 얻고 보니 바뀔 수도 있는 것! 자기주도성과 이 정도의 유연함을 가진 아이라면 무엇을 하든 성공할 거라는 생각이 들었습니다.

덧붙이자면 개인적으로 이 친구의 공부 방식이 참 좋았는데요. 쉬는 시간에 다음 시간 수업 교과서를 펼치고 오늘 배울 부분을 미리 몇 분 정도 읽는다고 했습니다. 무작정 끌려가는 선행보다 그날그날 수업 시간에 배울 것에 대해 궁금증을 갖고 몇 분이라도 읽어보는 것이 학습 자기주도력과 수업 참여도를 높이는 방법이라고 생각합니다.

(9) '진로 강점'을 계발한 아이

✎ '수학'은 못해도 '역사'는 자신 있다, 3등급 건국대 사학과 진학

학생부종합전형은 지원 학과나 계열에 적합성과 특장점을 보이는 학생들을 선호합니다. 예를 들면 사학과 지망생으로 역사와 사회 과목 성적이 1등급인데 수학이 5등급인 경우가 있습니다. 하지만 전체 교과 평균 성적이 좀 낮을지라도 역사학과 유관한 과목들에서 뚜렷한 성취를 보였으므로 학생부종합전형이라면 가산점을 얻을 수 있습니다. 학종 준비는 강점을 돋보이게 하는 전략을 취해야 합니다. 자신의 강점을 발견하고 이것을 진로로 삼는다면 고교학점제 과목 선택과 입시에서 좋은 결과를 얻을 것입니다.

고등학교 진로진학상담교사로 발령받은 첫해 만난 똑순이 전교 회장의 이야기입니다. 당시 매사 똑 부러지게 행사를 진행하는 리더십을 갖고 있었고 교사와 학우들로부터 신임이 두터웠습니다. 진로상담실로 찾아와 상담할 때 사학과 진학 목표가 뚜렷함을 어필했는데 수학이 4~5등급에 머물러 있어 전체적인 성적이 마냥 높지는 않았습니다. 학생은 3학년 진급 후 원서 쓰는 시즌에 다시 한번 저를 찾아왔고 주변에서 성적이 높지 않으므로 서울 소재 대학 진입은 힘들 거라고 말하는 통에 힘들어하고 있었습니다. 3년 동안의 평균 성적은 3등급 중반 정도였습니다. 역사나 사회, 지리 과목은 1~2등급 대였으나 3년 동안 수학은 4~5등급 신세를 못 면하고 있었습니다. 전형적으로 수학이 다 깎아 먹는 문과 재질이 뚜렷한 학생이었습니다. 그러나 약점을 뛰어넘을 말한 부분이 있었으니 바로 '역사' 유관 과목에서 1~2등급을 놓치지 않고 있다는 점이었지요.

생활기록부를 유심히 살펴보니 역사학도 지망생으로서 지리적 특성과 역사적 사건과의 관계 탐구, 조선시대 여성사 탐구 등의 기록이 있었고 다양한 역사 관련 체험, 동아리 활동 등이 눈에 띄었습니다. 특히 1학년 한국사 세특[2]에 역사용어 사전을 만들었다는 내용이 있었습니다. 누가 시킨 것이 아니라 자발적으로 한 것이지요. 전체적인 생기부 내용이 역사학도로서 특화되어 있었고 당시 필자는 "이 지역 사학과 지망생 중 너만 한 생기부는 없을 것이다"라고 극찬했습니다. 무조건 서울에 있는 대학에 진입할 수 있다고 확신했습니다.

당시 재직했던 학교는 학종에 대해 학생이나 교사들이 낯설어하는 학교였고 학종은 관심 있는 상위권이나 알아서 챙기는 분위기였습니다. 이런 분위기 속에서 이 학생은 서울의 사학과로 진학하겠다는 뚜렷한 목표를 가지고 혼자서 생기부 관리를 해나가고 있었던 것입니다. 누가 가이드를 특별히 해준 것이 아니었음에도 생기부에 학생의 탐구 의식과 열정

---

2 '과목별 세부능력 특기사항'의 줄임말입니다. 학생의 교과목 성적 외에 과목 선생님이 수업 시간에 관찰한 학생의 모습, 학습 태도, 학습 능력 등을 기록한 것으로 대학 입시의 전형 중 하나인 학생부종합전형에서 중요한 부분을 차지합니다.

이 묻어 있었습니다.

결국 주변의 의심을 뒤엎고 건국대학교 사학과 선발 인원에 우선 들어가는 최초 합격을 했는데요. 당시 입학 후 제게 했던 말은 "선생님, 입학한 학생 중에서 제가 하위권 성적인 것 같아요"였습니다. 당시 건국대 KU 자기추천 사학과 입결 평균이 3.9로 나와 있는데 이 입결은 특목고나 자사고 학생들이 섞여 있는 성적으로 보시면 됩니다. 결국 일반고 합격자들은 대부분 적어도 2등급~3등급 초반대일 가능성이 큽니다. 지방 일반고 학생으로서 성적이 탁월했다고는 볼 수 없겠습니다. 게다가 학생이 원서 쓰기 전년도 2020 건국대 같은 전형 사학과 입결 평균이 3.3이었기 때문에 성적 상으로 안심하고 지원하기는 힘들었을 겁니다.

이 친구가 대학 입학 후 이런 이야기를 했습니다. 코로나 시국이라 대학 수업을 비대면으로 했는데 정시로 들어온 친구들은 수업 초반부터 힘들어하기 시작하더니 몇 달 지나면 잘 보이지 않는다는 겁니다. 결국 입학 이후의 삶은 정시든 수시든지 간에 그 학과나 계열에 얼마나 애정이 있고 뜻이 있느냐가 결정한다고 할 수 있습니다.

이 친구는 "문사철[3]은 취직이 되지 않는다, 역사학은 밥 먹고살기 힘들다"라는 말에 흔들리지 않았습니다. 입학 후 선배들이 취업하는 것을 살펴봤는데 의외로 다양한 분야로 취업처를 찾아가더라는 겁니다. 한 학기 정도 지나고 '선배와의 대화'에 초청했는데 역시 즐겁고 행복하게 학교생활을 하는 모습이었지요.

---

3 문학, 역사, 철학을 아울러 이르는 말로 보통 인문학이라고 분류되는 대표 학문들을 말합니다. 이러한 순수 인문학 전공자들은 취업이 안 된다는 사회적 통념이 있기도 합니다.

(10) '열정' 그리고 '도전'

✎ 수시 재수로 한의대에 입학한 학생

2023년 새해, 문자가 와서 보니 한양대학교 경영학과에 입학한 학생이었습니다. 문자의 내용은 여름까지만 해도 수시 재수 생각이 없었는데 혹시나 하는 마음에 최저 없이 수시를 선발하는 대학을 찾아봤고 부산 동의대 한의예과 학생부종합전형에 지원하여 합격했다는 소식이었습니다. 바로 전화를 걸어 축하 인사와 함께 그간의 사정을 소상히 물어보았습니다.

이 학생은 자신을 포함한 가족의 만성질환이 한의원을 다니면서 낫는 경험을 했고 이후로 한의대 입학을 준비했습니다. 수시 학생부종합전형 준비를 하면서 특히 한의학과 최첨단 과학 의료 기술을 접목하는 것에 관심을 보였습니다. 특히 인공지능과 한의학의 접목에 대해 탐구한 것이 눈에 띄었습니다. 경희대와 원광대에 1차 합격하고 면접까지 보았지만 수능 최저[4]를 맞추지 못해 수시 원서 6장 중 보험이었던 한양대 경영학과 교과전형에만 합격합니다. 아쉽지만 한의대에 미련을 버리고 한양대에 입학한 학생은 누구보다도 열정적으로 학교생활을 합니다.

당시 '선배와의 대화' 행사를 준비하면서 졸업생들을 몇 명 초청했지만, 이 학생은 처음에는 초빙하지 않았습니다. 생기부를 한의대 쪽으로 너무 잘 구성했지만 최종 합격하지 못했기 때문입니다. 그런데 이 학생이

---

4   수능 최저란 '수능 최저학력기준'을 의미합니다. 수능 시험에서 반드시 만족시켜야만 하는 점수로 이 기준에 미달한다면 아무리 내신 관리를 잘해도 불합격하게 됩니다. 따라서 수시를 준비하는 수험생이라도 수능 공부를 안 할 수는 없습니다.

먼저 연락하여 후배들에게 피가 되고 살이 되는 이야기를 해주고 싶다며 자기 좀 초청해달라고 제안했습니다. 전화를 먼저 해준 정성도 갸륵하고 '성공담만이 좋은 강연은 아니다, 실패담도 필요하고, 한양대 경영학과를 다니니 경영학과에 대해 해줄 말도 많을 것이다'라는 생각이 들어 학생을 초청하여 강연을 진행했습니다.

학생은 후배들에게 가감 없이 한의대 지원해서 떨어진 과정도 다 말해주었고 경영학과에 필요한 기초 소양들도 말해주는 뜻깊은 강연을 해주었습니다. 당시 최종 불합격하긴 했지만 경희대 한의예과 1차 합격했을 땐 '그래도 내 노력을 알아주는구나. 이것만으로도 성공이다'라고 생각하며 엄마와 부둥켜안고 울었다고 하더군요.

강연이 끝나고 후배들이 돌아간 교실에 남아 대화를 나눌 때 수시 재수를 강력히 권했습니다. 2학기에 수능 공부할 시간이 부족해서 최저를 못 맞췄으니 한 번만 더 도전해 보자고 꽤 끈질기게 설득했습니다. 한의대에 최선을 다했던 생기부가 너무 아까웠고, 한의대에 뜻이 확고한 학생이었기 때문에 한 번 정도는 다시 도전해 봐도 좋지 않을까 싶었습니다. 그러나 이제 수능 공부할 자신이 없다며 경영학과 열심히 다니겠다고 하더라고요.

새해 전화 통화로 알게 된 이후의 일은 다음과 같습니다. 가을이 되고 수시 원서 접수철이 되자 혹시나 하는 생각에 동의대 한의예과 한 군데만 원서를 접수했다고 합니다. 현역일 때는 동의대 원서를 접수하지 않았는데 수능 최저가 없으니 도전해 보자고 결심했다고 합니다. 심지어 2학기 학교생활 열심히 하고 중간고사까지 보고 나서 수시 면접을 보러 갑니다. 가면서 든 생각은 '잃을 것이 없다'였답니다.

면접 중에 가장 치명적인 질문은 '2학기 출결에 미인정 조퇴가 잦은데 이유가 무엇인가'였다고 합니다. 재수생이 수시로 도전하면 생활기록부는 3학년 2학기 내용까지 반영되기도 합니다. 대학마다 다르고 전형마다 다르니 모집요강을 확인해 봐야 합니다. 당시 학생은 학교에서 수능 준비가 어렵다고 판단하고 혼자만의 공간에서 공부하면 더 잘될 거라는 잘못된 생각에 개인 독서실에 가기 위해 미인정 조퇴를 몇 차례 감행했습니다. 이에 관해 지금은 학교 규칙 어긴 것을 후회한다고 교수님께 솔직하게 말했다고 하더라고요. 3학년 2학기 출결 상항이 완벽하지 않음에도 불구하고 이 학생은 동의대 한의대에 최초 합격합니다. 당시 2023학년도 동의대 한의예과 학생부종합전형인 '학교생활우수자전형' 선발인원은 8명이었습니다. 감격스러운 결과이지요.

생활기록부 내용이 좋으면 출결이 좋지 않아도 대학에 합격할 수 있다고 말하려는 것은 아닙니다. 막말로 정시는 점수 갱신이 가능하지만 수시 생활기록부의 기록은 수정이 불가능합니다. 이 학생이 한의학에 대한 워낙 뚜렷한 비전을 갖고 있었고 이런 일련의 탐구 내용과 노력 흔적이 생활기록부에 잘 적혀 있었던 것은 사실입니다. 생기부를 잘 챙겨놓으면 의외의 기회를 찾을 수도 있습니다. 설령 이 학생이 수시 재수에서 실패했다고 하더라도 경영학과에서 열심히 공부하면서 자기 자리를 잘 찾고 살아갔을 것이라고 확신합니다.

．．．

　학생 진로 설계에 조언하고 그들이 졸업 후 살아가는 걸 지켜보면서, 진로진학 설계 성공의 열쇠는 성적이 아니라 생활 태도와 진로역량이라는 것을 깨닫게 되었습니다. 더불어 성적 이면에 있는 학생의 잠재력과 태도도 중요합니다.

　위 10명의 공통점을 찾아내셨을까요? 각자 두드러진 특성이 있지만 진로 유연성, 열정과 성실성, 목표 의식 등을 갖고 정진하며 적극성을 지키고 선택과 집중까지 잘 해내려면 기본적으로 자기주도성이 전제되어야 합니다.

　고교학점제 시대에는 시키는 대로 주관없이 공부만 하는 학생은 성공하기 힘듭니다. 이제는 자기 스스로 공부를 더 해야 할 과목을 정해야 하고 거기에 열정을 쏟아야 합니다. 과감히 도전하고 실패도 경험하며 선택에 대한 책임감도 길러야 합니다. 학원과 과외 사교육으로 단순히 내신과 수능 성적을 올리는 것이 전부가 아닙니다.

　단순히 이름값이 높은 대학에 들어간다고 진로 설계가 끝나는 것이 아닙니다. 좀 더 멀리 내다보고, 자녀들이 살아갈 사회를 조망해 보세요. 어떤 사람이 되어야 행복하고 성공할 수 있을지 부모님이 함께 생각해 보시길 바랍니다. 고교학점제라는 말을 어렵게 생각하거나 거부감을 느끼지 마세요. 우리 아이가 좋아하고 잘하는 것, 관심 있는 것을 선택해서 공부하고 탐구할 수 있는 제도라고 이해하시기를 바랍니다.

　여러분의 자녀가 위의 사례들에 나온 학생들처럼 자기주도성과 열정을 갖고 살아가기를 바란다면 우리 자녀들이 할 일이 비단 공부뿐만은 아니라는 결론에 도달하셨을 겁니다. 고교학점제는 학생 스스로가 선택권과 책임감을 가지면서 성적과 상관없이 진로를 개척할 발판을 마련해 주는 제도이기에 이것을 최대한 활용해야 합니다. 내신이나 수능 성적은 한 인간의 다양한 능력 중 아주 일부분만을 측정한 것일 뿐임을 잊지 마시고 위에서 제시한 다양한 방법들에 대해 곰곰이 생각하시며 선택하여 적용하시길 바랍니다. 당장 진로를 확정하지 않아도 됩니다. 그러나 학생 스스로 어떤 인생을 살고 싶은지 고민하게 하고 적성과 흥미를 탐색할 수 있도록 곁에서 도와주세요. 선택은 결국 학생 스스로가 하는 것이기 때문에 학부모와 교사가 할 수 있는 일은 학생을 믿고 지지하며 탐색의 장을 마련해 주는 것입니다.

2장

초등학교 시기
고교학점제
대비하기

김성아 교사

초등학교 학생이나 그 학부모님들에게 고교학점제는 아직은 먼 나라의 이야기같이 들릴 수 있습니다. 입시제도나 고등학교 교육과정의 변화가 초등학생들에게 미치는 영향이 그리 크게 느껴지지 않는 것도 사실입니다. 하지만 고교학점제의 도입과 정착은 단순한 입시제도나 교육과정의 변화가 아닙니다.

고교학점제가 기존의 교육과정 개정과 다른 점은 대학 진학 전 고등학교 단계에서부터 학생 개인의 선택권을 존중하고 이에 대한 결과 역시 본인의 책임으로 수용하게 한다는 것입니다. 이는 단순한 교과 내용의 변화에 그치지 않고 삶의 태도에 대한 변화를 요구하는 것입니다. 초등학교와 중학교 단계에서 자신이 무엇을 좋아하고 잘하는지에 대해 탐색하거나 자기주도적으로 실행해 본 경험 없이 고등학생이 되어 갑작스럽게 자신의 진로에 대한 선택을 잘할 수는 없습니다. 고교학점제는 고등학교 성적에 의해 자신의 진로를 우연으로 선택하는 것이 아니라 초등 단계에서부터 자신을 이해하고 자신의 강점을 찾아보는 경험을 통해 진로를 개척하게 하는 패러다임의 변화를 요구하고 있습니다.

이 장에서는 초등학교 시기 자녀들이 자기주도성을 기르도록 돕는 방법을 제시합니다. 자녀의 특성과 가정의 상황에 맞게 적용하시면 됩니다. 물론 초등학교에서 제시된 방법은 수준과 내용을 조정하여 고등학교에도 적용할 수 있습니다. 또한, 고등학교의 방법을 초등학교에도 적용할 수 있습니다.

초등학교 2022 개정 교육과정과 고교학점제

1

✻ 현재 모든 초등학생은 고교학점제 적용 대상

지금 초등학교에 다니고 있는 모든 학생은 고교학점제(2022 개정 교육과정[5])의 적용을 받게 됩니다. 따라서 현재의 초등학생들이 고등학교에 진학하게 되면 대학생들이 하는 것처럼 기본적인 이수 시간을 제외한 나머지 과목들은 자신의 진로에 알맞은 과목을 직접 선택하여 학점을 취득해야 졸업을 할 수 있게 되는 것입니다. 이전에는 '단위'라는 204개의 수업을 수료하는 개념이었다면 조금 줄어든 192 '학점'을 이수하는 개념으로 교과 과정이 변화한 것입니다. 기존의 204 단위 졸업 시스템에서는 졸업 조건이 까다롭지 않았습니다. 학년별 전체 출석 일수의 3분의 2 이상을 출석하면 자연스럽게 진급이 됩니다. 그러나 고교학점제 192학점 졸업 시스템에서는 각 과목의 출석 일수와 평가점수가 미달일 경우 그 과목 이수가 안 되면서 학점을 채울 수 없는 구조가 됩니다. 대학 학점제와 같은 시스템으로 보시면 됩니다. 자세한 설명은 이 책의 5장인 '고교학점제 상식 넓히기' 부분에 나옵니다.

---

5 2022 개정교육과정은 2022년에 교육부에서 고시하여 개편 작업에 착수하여 2025년부터 적용됩니다. 2022년부터 적용하는 것이 아닙니다.

그렇다면 초등학교의 수업은 어떻게 변하게 될까요? 고교학점제로 인한 초등학교의 수업 구조에 획기적인 변화가 있다고 보기는 어렵습니다. 다만 이전과는 다른 교육과정의 변화가 눈에 띕니다. 그동안 초등학교는 공통 교육과정으로 지정된 과목을 배웠지만 2022 개정 교육과정에서는 학교별로 3학년~6학년 학생들은 68시간 이내의 2개 선택과목을 새롭게 정하여 배울 수 있게 되었습니다. 교육부는 선택 과목의 사례로 '지역의 생태환경 및 디지털 기초 소양', '지속 가능한 미래와 우리 지역', '우리 지역의 문화 탐방', '인공지능과 로봇' 등을 제시하고 학교 구성원의 요구와 지역 환경에 기반하여 다양하게 개설할 수 있다고 강조하였습니다. 더불어 초등학교 1학년 학생들의 한글 해독 능력 신장을 위한 국어 시간 관련 수업을 34시간으로 늘렸습니다. 또한 창의적 체험활동의 시간을 줄이고 학생들의 실외 신체활동을 강화하기 위해 즐거운 생활 수업 시간을 기존의 수업에서 48시간 더 늘렸습니다.

2022 개정 교육과정은 학생들이 기초적인 디지털 소양을 갖추도록 방향을 제시하였습니다. 따라서 초·중·고등학교의 교육과정에서 정보 교과와 창의적 체험활동을 활용하여 디지털과 AI 교육을 받게 됩니다. 또한 상급학교로 진학하기 직전의 학년인 초등학교 6학년, 중학교 3학년, 고등학교 3학년 단계에서 '진로 연계 학기'가 생기게 됩니다. 진로 연계 학기에는 초·중·고등학교의 급별 연계와 정서 및 진로 교육을 하게 됩니다. 이 시기에는 상급 학교 단계에서 어떤 공부를 하게 될지, 이 공부를 기반으로 어떤 진로를 선택할 수 있을지에 대한 진학 안내도 이루어집니다.

현재 초등학교에 재학 중인 학생들은 본인의 의지와 관계없이 고교학점제와 변화하는 교육과정 체계에 적응해야만 하는 대상들입니다. 고교학점제와 함께 개정된 2022 교육과정은 점수와 등급으로만 학생을 평가하지 않고 보다 다양한 역량을 지닌 학생들이 좋은 결과를 얻을 수 있도록 평가 방식의 시야를 넓히고 있습니다. 이러한 상황에 대비하기 위한 초등학교 단계에서 필요한 것은 학생들이 어떠한 상황에서도 흔들리지 않고 꾸준히 자신의 길을 탐색하고 선택할 수 있는 기초적 역량을 갖출 수 있도록 하는 일입니다.

✳ 누구나 자신의 텃밭에 씨앗을 뿌린다

학생들이 자신의 길을 찾고 선택하며 살아가는 데에는 힘이 필요합니다. 이러한 힘을 역량이라는 말로 표현하기도 합니다. 역량이 길러지는 과정은 자신의 내면 텃밭에 뿌려지는 씨앗에 비유할 수 있습니다.

초등학교 단계에서 학생들은 자신의 길을 찾아가는 데 필요한 다양한 힘의 씨앗을 뿌리게 됩니다. 이는 다양한 학습과 경험을 통해 이루어지는데 독서를 통해 세상을 이해하는 간접 경험과 학생들이 직접 체험한 경험들은 내면에서 다양한 힘의 씨앗으로 뿌려집니다.

중학교 단계에서 학생들은 초등 시기에 자신의 내면에 뿌려졌던 다양한 힘의 씨앗을 여러 모양의 새싹으로 움을 틔우게 됩니다. 초등학교에서의 학습과 경험을 통해 뿌려진 다양한 힘의 씨앗이 흥미와 소질로 발전하기 위해서 새싹에 물을 주고 가꾸어야 합니다.

고등학교에서 학생들은 다양한 자신의 소질과 적성을 역량으로 꽃피우기 위한 준비를 하게 됩니다. 자신의 씨앗이나 꽃이 한 가지 종류일 필요는 없습니다. 흥미, 재능, 관심, 노력 모두가 자신의 힘이 되는 역량의 씨앗으로 뿌려져 꽃을 피우고 열매 맺을 준비를 하면 됩니다.

(1) 초등학교 생활 엿보기

✎ (가) 전반적인 학교생활

> ### 수업
>
> ◆ 수업시간 운영: 1일 4교시 또는 5교시/40분 수업
> ◆ 편성 운영:교과, 창의적 체험활동
>
> | 교과(군) | 1~2학년 | 국어, 수학, 통합교과(바른생활, 슬기로운 생활, 즐거운 생활) |
> |---|---|---|
> | | 3~4학년 | 국어, 도덕, 사회, 수학, 과학, 체육, 음악, 미술, 영어 |
> | | 5~6학년 | 국어, 도덕, 사회, 수학, 과학, 실과, 체육, 음악, 미술, 영어 |
> | 창의적 체험활동 | 공동체 생활에 필요한 기본 생활 습관을 형성하고 개성과 소질을 탐색하고 발견하는 교과 이외의 활동으로 별도의 교과서는 없음 | |

위 표는 경남교육청의 '우리 아이 학교 보내기' 자료의 일부입니다. 초등학생은 1학년~4학년까지는 4교시 또는 5교시 동안 위의 교과들을 공

부하게 됩니다. 점심시간은 학교와 학년별 상황에 따라 순서를 달리하여 급식실에서 먹게 됩니다. 5, 6학년 학생들은 수요일을 제외하고는 6교시까지 위의 교과들을 모두 공부하게 됩니다. 각 교과 학습과 함께 이루어지는 창의적 체험활동은 일종의 비교과 활동으로 학생들이 자율·자치활동, 동아리 활동, 진로활동 3개 영역에서 삶과 관련한 다양한 활동에 참여하여 소질을 찾고 잠재력을 일깨울 수 있도록 돕습니다.

초등학교의 평가는 학생의 전인적 발달을 돕고 성장을 지원하는 학생 성취 준거 평가로서 수행평가를 내실 있게 운영하고 있습니다. 학습 과제를 수행하는 과정이나 그 결과를 보고 학생의 지식, 기능, 태도에 대해 종합적으로 판단하여 성장·발전을 위해 지도·조언하는 질적 평가를 지향합니다. 이를 위해 서술형, 논술형, 실험·실습, 관찰, 연구 보고서, 포트폴리오 등 개인차를 고려한 다양한 평가를 통해 교수·학습 과정을 개선해 가며 교육과정과 수업 및 평가가 연계됩니다.

1, 2학년은 담임 선생님이 대부분의 과목을 가르치고, 3학년부터 6학년까지는 일부 과목을 교과담임 선생님이 가르칩니다. 학생들은 각 과목을 교과서 차시 순서대로 배우기도 하지만, 중복되는 내용은 주제를 중심으로 재구성하여 학습하기도 합니다.

주제 중심 재구성 교육과정은 국어, 도덕, 사회, 체육, 음악, 미술, 창의적 체험활동 등 통합해 필요한 과목을 주제별로 통합하여 재구성한 주제 통합 학습을 운영합니다. 따라서 학생

4학년 초등학생의
일주일 시간표와
주간학습안내장 예시

들의 배움에 효과적인 자료로서 교과서, 학습지 등이 다양하게 사용됩니다. 주제와 관련된 글을 국어 시간에 읽고, 미술 시간에 그림도 그리고, 음악 시간에 노래도 불러보는 학습을 하기도 합니다.

✎ (나) 초등학교의 진로교육

초등학교 단계에서의 진로교육은 우선 자신을 이해하고 적성과 능력에 알맞은 진로를 탐색하여 선택하는 능력과 태도를 기르고자 하는데 초점을 두고 있습니다. 또한 다양한 일과 직업에 대하여 알아보고 바른 개념과 직업관을 갖추도록 지원합니다. 이를 위해 초등학교에서는 다양한 직업의 세계를 이해하고 건강한 사회인으로 성장하여 자신의 진로를 탐색할 수 있도록 폭넓은 학습의 경험을 제공합니다.

아래는 서울특별시교육청의 '초등진로 교육 지원자료'의 일부분입니다.

---

① 초등학교 진로교육의 목표

가. 초등학교 진로교육의 목표

> 자신과 일에 대한 이해와 긍정적 가치를 형성하고 다양한 진로 탐색과 체험을 바탕으로 자신의 꿈을 찾고 진로를 설계할 수 있는 진로개발역량의 기초를 배양한다.

- 긍정적 자아개념을 형성하고 자신의 흥미와 적성을 탐색하며 타인을 배려하고 의사소통하는 역량의 기초를 기른다.
- 일과 직업의 의미와 역할, 직업세계의 다양성과 변화를 이해하고 일에 대한 긍정적이고 개방적인 태도를 형성한다.
- 진로에서 학습의 중요성을 이해하고 바른 학습 태도를 가지며 다양한 방법과 체험을 통해 직업 정보를 탐색하는 능력을 키운다.
- 자기 이해와 다양한 진로탐색을 바탕으로 자신의 진로를 설계하고 계획할 수 있는 기초적인 의사결정과 계획수립 역량을 기른다.

초등학교에서의 진로교육은 교육과정에서 두 가지 방식으로 운영됩니다. 하나는 창의적 체험활동 중심으로 진로교육을 하는 방식이고 다른 하나는 교과와 연계하거나 통합하여 진로교육을 하는 방식입니다. 창의적 체험활동은 비교과 수업이라고도 하는데 일반적인 교과수업이 아닌 시간에 다양한 활동 위주로 학급, 혹은 학교전체 활동으로 이뤄집니다. 창의적 체험활동 시간을 이용한 진로교육은 교과의 성취기준에 제한을 받지 않고 다양한 활동을 집중적으로 경험하도록 구성됩니다.

◉ 창의적 체험활동 기반 진로교육 사례

▌ 창의적 체험활동 문화예술 전문 강사 '연극' 수업 교육 계획표 예시안

차시	학습주제	활동내용
1	오리엔테이션	리듬에 맞춰 움직이면서 자기를 여러 사람에게 알리기
2	마음 열기	연극 놀이를 하면서 친구들과 친해지기
3	몸으로 만드는 조각	친구들의 표현에 어울리는 멈춤 동작으로 조각을 덧붙여 만들기
4	이야기 상상하기	주어진 문장에 어울리는 뒷 이야기를 만들고 표현하기
5	만약에 ~라면 주제 이야기 만들기	주어진 주제를 보고 친구들과 같이 이야기 만들기
6	만약 ~라면 멈춤 동작 만들기	친구들과 같이 멈춤 동작으로 만들기
7	만약 ~라면 몸짓 목소리 표현하기	역할에 어울리는 몸짓과 목소리로 표현하기
8	만약 ~라면 역할극 발표하기	역할극 발표하기
9	뮤지컬 속으로 1	뮤지컬 노래를 듣기
10	뮤지컬 속으로 2	뮤지컬 노래를 듣고 부르기
11	뮤지컬 속으로 3	뮤지컬 주인공이 되어 노래 부르기

차시	학습주제	활동내용
1	오리엔테이션	한국화에 대하여 알아보기
2	농담 알고 표현하기	필묵 구사 훈련. 농중담 표현하기
3	묵법 활용하여 그리기	묵법을 응용하여 정물화(사과) 그리기
4	민화 알고 그리기	민화란 무엇일까. 모란도 그리기
5	한국화 묘사법 알고 그리기 1	한국화의 대표적인 묘사법을 이해하고 은행나무 그리기
6	한국화 묘사법 알고 그리기 2	한국화의 대표적인 묘사법으로 단풍잎 그려보기
7	자유화 그리기	수업 마무리와 자유화 그리기

◉ 교과통합형 진로교육 사례

　교과통합이나 연계형 진로교육에서는 교과 교육과정의 성취기준을 분석하고 진로를 주제로 설정하여 재구성된 교과의 수업내용을 기반으로 진로교육을 실행하는 형태입니다. 다음의 예시는 '나의 꿈을 찾아서'라는 하나의 주제로 각 교과에서 교과의 특징을 살려 수업하는 사례입니다.

진로 프로젝트–통합활동 주제:
직업탐색 활동 〈나의 꿈을 찾아서〉 안내서와 학생 워크북

초등학교:
가정에서 고교학점제 어떻게 준비할까

(1) 기본에 충실하기: 나선형 교육과정

고교학점제는 학생들 스스로 자신의 진로와 적성에 알맞은 과목을 선택하여 배울 수 있어 학업과 진로 선택에 관한 자율적 결정권을 존중한다는 장점이 있습니다. 또한 고교학점제는 공통과목과 선택과목에 대한 학업성취 수준의 도달이 중요합니다. 그러므로 초등 및 중등학교 교육과정에서 진로에 대한 탐색과 기본적인 학업의 역량 신장이 함께 이뤄져야 합니다.

우리나라의 특수한 입시제도와 수능시험은 여전히 유지되고 있습니다. 그렇기에 수험생들은 진로 결정 출발점이라 할 수 있는 초등학교 교육과정에서 탄탄한 학업 기본기와 성실한 학습 습관을 다지는 것이 매우 중요합니다. 우리나라 초·중·고 교육과정의 각 교과는 나선형 교육과정에 기반하여 조직 운영되고 있습니다.

나선형 교육과정이란 같은 원리와 개념 구조를 지닌 동일 교과 내에서 학년이 올라갈수록 깊이와 폭을 더해 가며 심화하도록 조직된 교육과정을 말합니다. 나선형으로 조직된 교과에서는 같은 내용이 반복되어 가르칠 수 있도록 조직되고 학생 이해 성숙도에 따라 깊이 있고 폭넓은 내용이 지도되는 것입니다.

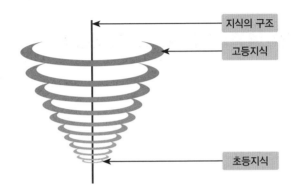

브루너는 《브루너 교육의 과정》에서 전문가인 학자들이 하는 지적 활동과 초등학교 3학년 학생들이 하는 지적 활동이 근본적으로 동일하다고 주장했습니다. 동시에 지식의 구조가 일반화되는 이론을 지향한다고 가정하는데 이러한 이론을 기반으로 나선형 교육과정이 등장하게 되었습니다. 나선형 교육과정에서는 지식이 지속적으로 계열성을 가지며 통합적인 구조로 이루어지기에 이를 기반으로 각 교과의 내용이 학문적으로 조직되고 교육되어야 함을 강조합니다. 따라서 초·중·고등학교에서는 같은 지식의 이론을 학습하는 이의 수준에 맞게 다른 방식으로 가르치게 되는 것입니다.

이는 중·고등학교 단계에서 점점 어렵고 복잡해지는 교과의 이론들이 초등학교 교과의 학습 내용의 계열성을 반영하여 조직되어 있다는 것을 의미합니다. 그러므로 초등학교 단계에서 공통교과이든 선택교과이든 학습 내용의 기본 원리를 이해하고 중·고등학교 단계의 학습 내용과 관계지으며 학습을 유의미하게 해나가야 하는 것입니다. 이런 의미에서 초등학교에서의 학습 내용에 대한 충실한 이해와 학습 습관의 기본 토대를 잘 다져야 하는 것입니다.

나선형 교육과정은 모든 교과에 적용되어 초, 중, 고 단계로 이루어지는데 특히 수학 교과에서는 특징이 두드러집니다. 수학 교육과정은 하나의 원리가 학년이 높아지면서 지속적으로 심화되는데 예를 들면 초등학교 1학년 단계에서는 한 자릿수의 덧셈을 배우고 2학년 단계에서 두 자릿수의 덧셈을 반복하여 배우는 사례가 제시될 수 있습니다. 이어 3학년 단계에서 세 자릿수의 덧셈까지 점점 깊어지는 내용을 반복해서 배움으로써 덧셈의 개념을 완전히 이해하는 것을 학습 목표로 합니다. 따라서 1학년 단계에서 한 자릿수 덧셈을 제대로 이해하지 못한다면 이어지는 학년부터의 덧셈 계산은 어려운 과정이 될 수밖에 없습니다.

이러한 원리는 모든 교과 단계에 적용되고 있기에 초등학교 단계에서 기본기를 쌓는 것은 너무나 중요합니다. 모래 위의 성은 허물어지기 쉽지만 튼튼한 토대 위에 쌓으면 비바람에 쉽게 허물어지지 않고 오래 견뎌내듯이 말입니다.

또한 고교학점제 시행의 기반이 되는 2022 개정 교육과정은 역량중심 교육과정이기도 합니다. 역량은 교과 지식과 분리되어 따로 갖추어지는 것이 아니라 교과의 학습 내용을 충분히 이해하여 이를 적용 및 실천하는 과정을 통해 늘어납니다. 초등학교 단계에서의 교과 학습 내용에 대한 충실한 습득은 중·고등학교 단계에서의 역량 성장의 기본 바탕이 되는 것입니다. 그러므로 초등학교에서 고교학점제를 준비하기 위해 '기본에 충실하자'라는 생각을 하셔야 합니다.

역량중심 교육과정이란 OECD의 데세코 프로젝트DeSeCo Project, Defining and Selecting Key Competencies[6]에서부터 출발하여 직업 사회의 필요에서 시작되었지만 교육에까지 적용되어 2015 교육과정의 방향이 되었습니다. 역량은 '복잡한 요구를 충족시키기 위한 지식, 기능, 태도와 가치를 동원하는 능력'입니다. 2022 개정 교육과정이 전 교과에 걸쳐 기르고자 하는 핵심역량은 자기관리 역량, 지식정보처리 역량, 창의적 사고 역량, 심미적 감성 역량, 협력적 소통 역량, 공동체 역량입니다.

일부 학부모님들은 선행 학습을 하면 아이가 공부를 잘할 것으로 생각하고, 중학교 과정이나 심지어 고등학교 과정까지 사교육을 통해 지나치게 일찍 교육을 시작합니다.

초등학교 시기에는 다양한 경험을 통해 흥미 있는 일이 무엇인지 생각하게 하고 자기 자신의 감정과 생각을 잘 파악하게 하는 것이 중요합니다. 초등학교 수업 시간에 배우는 것들에 흥미를 잃지 않게 조력해 주시고 단순히 지식을 많이 쌓는 것보다는 지식을 활용할 줄 아는 잠재력을 포함한 역량을 기르는 시기임을 잊지 않으셔야 합니다.

---

6 경제협력개발기구 OECD는 90년대 후반부터 학습자를 위한 연구를 지속해 왔는데 시작은 1997년 실시된 데세코(DeSeCo) 프로젝트로 핵심역량 정의 및 선정 프로젝트입니다.

(2) 자기 이해: 나는 어떤 사람인가요?

교육부는 고교학점제에 대하여 학생이 희망하는 진로에 맞추어 원하는 다양한 과목을 선택해 배우고 과목의 성취기준을 이수하면 학점을 얻을 수 있는 제도라고 정리합니다. 간단히 정리된 문장 속의 핵심어는 바로 '진로'입니다. 학생들이 초·중·고를 거쳐 쉽지 않은 배움의 길을 가야하는 이유는 졸업한 이후 자신의 길을 선택하고 진로를 준비하는 시기가 바로 학교에 다니는 시기이기 때문입니다. 이러한 의미에서 초·중·고의 교육은 근본적인 의미에서 진로교육이라고 할 수 있습니다.

중·고등학교가 자유학기제와 고교학점제를 통해 본격적인 진로 탐색과 선택을 준비하는 단계라면 초등학교 단계는 진로 탐색 전 '나'를 이해하는 과정을 거쳐 진로와 관련된 다양한 체험을 통해 다양한 직업의 세계를 알아보는 쪽에 중점을 둡니다. 따라서 중·고등학교 진학 전 초등학교에서 '나'에 대해 충분히 알아보는 다양한 기회를 접하는 것은 꼭 필요합니다. 그렇다면 '자기 이해'란 무엇일까요?

'자기 이해(self-understanding)'라는 용어가 처음으로 사용된 것은 Rogers에 의해서이다. 자기 이해는 지식으로 알 수 있는 것이 아니고 학술적인 기술로 분류하거나 평가하여 얻어질 수 있는 것도 아니며, 개인이 자기 자신을 있는 그대로 이해할 수 있는 기능이다.

　　　　　　　　　　　　　　　　　　　　　　　　　－《환영받는 인재》 중에서

자기 이해란 자신이 지닌 내적이고 외적인 특성들을 알고 타인과의 관계를 통해 자신도 알아가면서 자기에 대해 탐색하며 자료를 모아가는 과정이라고 할 수 있습니다. '나'를 알아간다는 것은 단순하지 않습니다. '나'라는 존재가 한 가지 특성으로 정의할 수 없는 복합적인 다양한 특성을 지닌 존재이기 때문입니다.

'나'의 복합적인 특성은 우선 내적인 면과 외적인 면으로 나눌 수 있습니다. 내적인 특성은 나의 성격, 내가 좋아하는 것, 나의 가치관을 포함하는 정의적 요인, 나의 지능, 능력, 적성을 포함하는 인지적 요인, 나의 신체와 관련된 요인 등이 있습니다. 외적인 특성은 '나'를 둘러싼 가정이나 학교 또는 사회의 환경들이라고 할 수 있습니다.

먼저 '나'를 알아가는 첫 발걸음은 내 마음을 채우고 있는 감정들을 알아차리는 것입니다. 이를 위해 내가 주로 느끼는 감정들을 중심으로 마인드 맵 활동을 해보는 것도 하나의 방법이 될 수 있습니다.

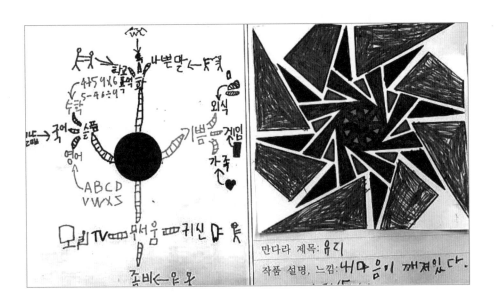

이 감정 마인드 매핑은 매년 학기가 시작될 때마다 학생들의 마음 상태를 점검하기 위한 활동으로 꼭 실시합니다. 학생들은 말로 설명하기 어려운 것들을 그림과 색으로 직관적으로 표현합니다.

위 사진의 작품은 이전의 학년 단계에서 모든 수업 시간에 교실을 이탈하여 학교를 누비고 ADHD 증세로 인한 산만함과 불안 증세를 보여 선생님들을 힘들게 했던 학생의 것입니다. 학년 초인 3월에 대화를 통해서 발견하기 어려웠던 학생 행동의 원인이 이 활동을 통해 밝혀졌습니다. 원인은 가정에서의 학업과 성적에 대한 과한 압박 및 여러 개의 학원에 가야 하는 부담감이었습니다. 자신의 마음의 모양을 닮은 만다라를 선택하게 했더니 여러 만다라 중에 위의 것을 선택하여 유리가 깨진 파편의 모습으로 표현하기도 하였습니다.

먼저 감정 마인드 맵 활동을 하기 전 조용한 음악을 들으며 눈을 감고 자신의 마음을 바라보게 합니다. 자신의 마음을 채우고 있는 색을 상상하고 색종이로 마음의 색과 모양을 표현하여 가운데에 붙이게 합니다. 그리고 내 마음을 중심으로 마음을 채우고 있는 주요한 감정들을 가지로 뻗어 적어보게 합니다. 이런 감정들이 생기는 이유를 다시 가지로 뻗어 적어보게 합니다. 본 활동의 결과를 너무 심각하게 확대해석하는 것보다 아이의 현재 상태에 대한 대화의 주제로 가볍게 접근하는 것이 좋은 방법입니다.

다음은 영화를 활용하여 자신의 감정 종류를 알아보고 이를 알맞게 표현하는 방법을 연습할 수 있습니다. 아이들은 자신의 다양한 감정을 인지하기 어려워하고 이 다양한 감정에 알맞은 다양한 표현에 익숙하지 않습니다. 그래서 자신의 감정을 자연스럽게 표현하지 못하고 울음과 짜증으로 분출해 내는 것입니다. 한 가지 예시를 든다면 영화 〈인사이드 아웃〉을 감상한 후 다양한 감정에 대해 학습하고 이를 자연스럽게 표현하는 것에 긍정적으로 반응해 주는 것입니다.

감정 마인드 맵 활동지와
〈인사이드 아웃〉 활동지

SCT 문장완성검사를 활용하여 자신의 성향을 파악하는 것도 도움이 될 수 있습니다. 이 검사의 결과를 통해 자신의 현재 상태뿐만 아니라 과거 및 미래에 대한 태도 그리고 주변과의 관계 등 전반적인 것을 알아볼 수 있습니다.

▌ SCT 문장완성검사

	○ 각 문장을 읽으면서 맨 먼저 떠오르는 생각을 뒷부분에 기록해 문장이 완성되도록 해주세요.
1	내가 가장 행복할 때는
2	내가 좀 더 어렸다면
3	나는 친구가
4	다른 사람들은 나를

5	우리 엄마는
6	나는 _____ 공상을 잘 한다.
7	나에게 가장 좋았던 일은
8	내가 제일 걱정하는 것은
9	대부분의 아이들은
10	내가 좀 더 나이가 많다면
11	내가 가장 좋아하는 사람은
12	내가 가장 싫어하는 사람은
13	우리 아빠는
14	내가 가장 무서워하는 것은
15	내가 가장 좋아하는 놀이는

16	내가 가지고 있는 것 중에서 제일 아끼는 것은
17	내가 가장 가지고 싶은 것은
18	여자 애들은
19	나의 좋은 점은
20	나는 때때로
21	내가 꾼 꿈 중에서 제일 좋은 꿈은
22	나의 나쁜 점은
23	나를 가장 슬프게 하는 것
24	남자(여자)아이들은
25	선생님들은
26	나를 가장 화나게 하는 것은
27	나는 공부를

25	내가 꾼 꿈 중 제일 무서운 꿈은
29	우리 엄마 아빠는
30	나는 커서 _____이(가) 되고 싶다. 왜냐하면
31	내 소원이 마음대로 이루어진다면, 첫째 소원은 둘째 소원은 셋째 소원은
32	내가 만일 외딴 곳에서 혼자 살게 된다면 _____와(과) 제일 같이 살고 싶다. 왜냐하면
33	내가 만일 동물로 변할 수 있다면 _____이(가)되고 싶다. 왜냐하면

위 결과에 대한 분류 및
해석이 있는 블로그

또는 프레디저 카드 활동을 통해 자기 자신에 대하여 알아볼 수도 있습니다. 아래의 낱말 중에 나의 마음이 가장 끌리는 낱말을 몇 개 선택하고 이를 연결하여 자신이 가장 살고 싶은 삶을 문장으로 표현하면 됩니다.

정리하다	굽다	녹화하다	분류하다	조경하다	계산하다	수선하다
탐험하다	달리다	동물을 키우다	영업하다	보존하다	선곡하다	변호하다
만나다	만지다	운영하다	생각하다	디자인하다	단련하다	수행하다
편집하다	포착하다	청소하다	수사하다	심판하다	몸매를 가꾸다	진료하다
번역하다	말하다	모험하다	모으다	연주하다	토론하다	명령하다
헤아리다	팔다	검토하다	보호하다	알려주다	소속되다	작곡하다
탐지하다	칠하다	모시다	촬영하다	취재하다	경쟁하다	글짓다
상상하다	수리하다	겨루다	기부하다	빛을 비추다	평가하다	연출하다
서비스하다	미용하다	배달하다	개발하다	강의하다	설명하다	처방하다

글 쓰다	요리하다	가꾸다	가르치다	노래하다	셈하다	설계하다
만들다	움직이다	예쁘게하다	그리다	나서다	믿다	섬세하다
지어내다	연구하다	상담하다	도전하다	판결하다	경영하다	장식하다
웃게 하다	발명하다	설득하다	기획하다	관리하다	공감하다	표현하다
격양시키다	권하다	치료하다	여행하다	계몽시키다	운전하다	통역하다
따라 하다	홍보하다	검토하다	건축하다	고치다	땀내다	베풀다
조립하다	수집하다	조련하다	조각하다	해석하다	도출해내다	선보이다
분석하다	판매하다	취재하다	돌보다	춤추다	날다	발견하다
공부하다	재배하다	감독하다	연기하다	서포트하다	소통하다	보도하다

계획하다	작사하다	비평하다	해설하다	꽃꽂이하다	실험하다	공유하다
코딩하다	뮤지컬하다	교감하다	치유하다	대접하다	정비하다	개선하다
거래하다	봉사하다	수화하다	조종하다	포즈를 취하다	출판하다	게임을 하다
달리다	카피라이팅하다	항해하다	육성하다	전달하다	통계하다	간호하다
집중하다	중재하다	등산하다	수정하다	메이크업하다	몸을 쓰다	방송하다
드러내다	협력하다	외국어 하다	큐레이팅하다	중매하다	승진하다	기록하다
양육하다	건설하다	해결하다	광고하다	어필하다	음미하다	구조하다
외교 하다	회계하다	혁신하다	주최하다	실현하다	성취하다	추진하다
도전하다	리드하다	조언해 주다	정보를 수집하다	무용하다	사랑하다	멘토링하다

협상하다	농사짓다	정돈하다	훈련시키다	소통하다	운동하다	출시하다
고안하다	감동하게 하다	기도하다	점검하다	창조하다	향상시키다	평론하다
즐기다	협동하다	조직하다	발전시키다	결정하다	테스트하다	반복하다
상상하다	변화하다	안정을 느끼다	정비하다	무역하다	이어주다	투자하다
축산하다	창작하다	판별하다	수송하다	제작하다	정책을 세우다	구매하다
관철시키다	코디하다	지키다	식물을 기르다	컨설팅하다	색을 입히다	들어주다
지시하다	과학하다	산출하다	확장하다	이해하다	찾다	분류하다
매도하다	검색하다	포장하다	주장하다	탐사하다	준비하다	채집하다
지지하다	구제하다	이야기를 짓다	살피다	통합하다	설립하다	제조하다

　예를 들어 '공감하다, 사랑하다, 치유하다'
라는 낱말이 마음에 끌렸을 경우 이 세 개의
낱말을 사용하여 '나는 마음이 아픈 사람들

낱말 선택
해석 영상

의 말을 들어주고 마음을 공감하여 그들이 자신을 사랑하도록 치유하는 사람이 되고 싶다'와 같은 자신이 살고 싶은 삶을 문장으로 표현해 낼 수 있습니다.

또는 '섬세하다, 설계하다, 건설하다, 여행하다, 외국어 하다'와 같은 낱말들이 특히 마음에 끌림이 있다면 이 낱말들을 사용해 자신이 미래에 꿈꾸는 삶을 표현해 보게 할 수 있습니다. '나는 외국어를 잘해 여행을 다니면서 세계의 멋진 건축물을 탐구하여 섬세하게 아름다운 빌딩들을 설계하며 건설하고 싶다'라는 문장으로 표현한다면 단지 직업으로서의 꿈이 아닌 자신에 대한 이해를 바탕으로 추구하는 삶의 모습을 알아볼 수 있습니다.

이외에도 IQ나 MBTI 등의 다양한 검사를 통해서 자신의 인지능력이나 적성검사를 해볼 수 있습니다. 하지만 자신을 알고 이해하는 방법이 꼭 검사를 통해서만 가능한 것은 아닙니다. 가족이나 친구와의 대화를 통해 또는 영화를 감상하고 책을 읽는 등 다양한 체험을 하며 내가 무엇을 좋아하고 잘하는지, 무엇을 싫어하고 잘 못하는지 알게 되기도 합니다.

자신이 무엇을 좋아하고 싫어하는지 아는 것은 다양한 경험에 대한 시도와 체험을 통해서만 가능합니다. 아무것도 하지 않으면 아무것도 알 수 없습니다. 나를 알고 이해한다는 것이 나의 흥미나 관심사 위주로 이루어질 필요도 없습니다. 그저 일상에서 마주치고 체험하는 모든 것들이 나의 경험으로 녹아들어 '나'가 되어 가는 것입니다. 나의 경험이 꼭 내가 좋아하고 흥미 있어 하는 것일 필요는 없습니다. 또는 내가 반드시 잘하고 소질이 있는 것일 필요도 없습니다. 내가 체험하니 좋았던 경험은 나의 관심과 소질로 내 안에 쌓여가고 힘들거나 어려웠던 체험은 그것 또한 나의 경험 중 하나로 내 안에 녹아들어 나의 역량으로 발전하게 됩니다.

우리 각자는 '나'라는 밭을 가지고 있으며 초등 단계의 학생들에게는 그곳에 어떤 씨앗들이 뿌려져 열매 맺게 될지 알 수 없습니다. 그러므로 초등학교 학생들은 체험과 만남을 통해 다양한 역량의 씨앗을 뿌려두어야 합니다.

가능하다면 다양한 역량의 씨앗을 뿌려두어야 하는 이유는 지금의 학생들이 살아갈 미래에 평생을 보장할 수 있는 직장이 거의 없기 때문입니다. 코로나19 이후의 세상은 예측할 수 없게 되었으며 특히나 직업의 종류나 형태도 획기적으로 변화하게 되었습니다. 이러한 예측 불가능의 시대에 학생들은 상황에 따라 다양한 직업을 가지게 될 것입니다. 그러기에 가능한 다양한 역량의 씨앗을 뿌리고 가꾸어 이를 대비해야 할 것입니다. 안정적인 직장이라 할지라도 자신의 관심과 소질을 살려 새로운 직장으로 이직을 하기도 하고 겸업을 통한 추가 수입원 창출도 가능해집니다. 이를 보고 프로 N잡러 또는 부캐의 시대가 왔다고들 합니다.

이러한 역량의 씨앗을 뿌리고 가꾸어 잠재적인 능력으로 성장하게 하는 다양한 경험은 학교와 가정에서의 체험을 통해 가능합니다. 초등학생 시기에 해볼 수 있는 체험의 종류는 역량을 중심으로 나누어 볼 수 있습니다.

2022 개정 교육과정의 역량은 자기 관리, 지식정보처리, 창의적 사고, 심미적 감성, 협력적 소통의 5개 역량으로 제시되었습니다. 이러한 각 역

량의 신장을 위해 가정에서 시도해 볼 수 있는 다양한 체험활동은 다음과 같습니다.

역량	역량 신장 위한 다양한 체험의 씨앗 뿌리기	
자기관리 역량	**자기 관리 학습 논술 일기 쓰기**	**나의 관심 분야 포트폴리오 파일 누적**
	학습 논술 일기는 기억하기, 문제 탐구, 문제 해결, 창의 창안 순서로 씁니다.	나의 흥미와 소질을 반영하는 다양한 활동의 결과물과 과정 자료를 주제별로 목록화하여 파일로 정리해 봅니다.
지식정보 처리 역량	**코딩 배우고 활용하기**	**엔트리 알고 활용하기**
	코딩은 사용자가 내린 명령을 컴퓨터가 이해할 수 있도록 C언어, 자바, 파이선 등의 프로그래밍 언어로 입력하는 과정을 뜻합니다.	엔트리(ENTRY)는 누구나 무료로 소프트웨어를 배우고, 가르칠 수 있는 코딩 학습 플랫폼입니다. 또 교육용 프로그래밍 언어(EPL) 그 자체를 의미하기도 합니다. KAIST와 (주)코드그루가 공동으로 연구하여 개발하였으며, 현재는 네이버에서 설립된 '커넥트 재단(connect.or.kr)'에서 비영리 목적으로 운영하고 있습니다.
창의적 사고 역량	**가족들과 함께하는 대화모임 운영하기**	**메이커 교육활동 시도하기**
	매주 1회 정도의 정기적인 가족 모임을 통해 자신의 생각 꺼내기, 물건의 쓸모와 용도 떠올리기, 재미있는 행사 만들기 등의 대화를 나누어 봅니다.	메이커 교육은 학생들 스스로 학습의 주체가 되어 주제를 정하고, 정보를 검색하며, 문제를 해결할 수 있도록 도와주고, 결과물을 완성하는 학습자 중심 교육입니다. 학생들은 만들기 과정을 통해 융합적으로 사고하고, 창의적으로 문제를 해결하며, 다른 학생들과 상호 협력하는 과정에 창작의 재미를 느끼고, 다양한 경험을 하게 됩니다.
심미적 감성 역량	**시, 그림, 음악으로 자신을 표현하기**	**영화 감상하고 작품 만들기**
	자신이 표현하고 싶은 예술 도구를 사용하여 다양한 작품을 창작합니다. 예시로 음악 만들기 어플을 활용할 수 있습니다.	연극이나 영화를 많이 감상하고 나만의 영화 만들기 활동에도 참여해 봅니다.
협력적 소통 역량	**연극 또는 뮤지컬 제작 활동에 참여하기**	**협력 기반 운동 활동에 참여하기**

(3) 문해력 향상: 내 주위의 세계와 현상 읽어내기

자신을 알고 이해하는 과정은 나를 둘러싼 환경과 타인과의 관계 속에서 '나'를 비롯한 여러 감정과 모습을 알고 이해해 가는 것입니다. 이는 타고난 능력일 수도 있지만 대부분은 훈련되어 습관으로 정착될 수 있는 역량입니다. 이러한 역량은 글을 읽고 이해하는 습관을 기반으로 시작되는데 이를 문해력이라고 할 수 있습니다. 문해력의 의미에 대해 국어교육학사전에서는 다음과 같이 정의합니다.

> 의사소통을 목적으로 하는 문자 언어의 사용 능력, 즉 모어를 읽고 쓸 수 있는 능력을 가리킨다. 여기서 읽고 쓸 수 있는 능력이란 자소를 음소로, 음소를 자소로 바꾸는 최소한의 능력을 의미하는 것이 아니라 읽기와 쓰기의 활용에 대한 심적 경향이나 사고방식까지를 포함하는 것이며, 문자 언어로 된 메시지를 단순히 받아들이고 해석하는 것이 아니라 능동적이고 자율적으로 메시지를 생성해 내는 것까지를 포함하는 개념이다.

요즘 문해력의 뜻은 책을 이해하는 것을 넘어 영상매체에 대한 인식과 이해로 그 의미가 넓어지기는 했지만 가장 기본적인 문해력은 글을 읽고 의미를 이해하는 것으로부터 시작됩니다. 학생들이 글을 읽고 이해하는 능력이 현저히 떨어지고 있다는 신문 기사나 방송의 보도가 있습니다. 학교 현장에서 느끼기에도 학생들이 낱말이나 문장의 의미를 잘 이해하지 못하는 현상이 해가 갈수록 심해진다고 보입니다.

이러한 현상의 원인은 다양한 측면으로 분석될 수 있지만 현장 교사들은 설문조사를 통해 과도한 동영상 노출이나 독서 부족 등이 주요 요인이라 지적합니다. 또한 학생들이 글의 기본적 구성 성분인 낱말과 한자로 이루어진 낱말의 뜻을 잘 알지 못하는 것도 문해력 저하의 중요한 원인이라 보여집니다.

문해력 향상을 위한 기본적인 첫걸음은 우선 책을 많이 읽고 사전을 활용하여 글의 기반이 되는 낱말의 뜻을 최대한 많이 탐색하는 것입니다. 더불어 한 권의 책을 제대로 만나는 경험이 필요합니다. 한 권의 책을 깊이 있게 읽고 자신의 삶과 연결 지어 보는 경험은 한 사람의 인생에 결정적 계기가 되기도 합니다.

이를 학교 현장의 교육과정에서는 온작품 읽기 활동을 통해 실행합니다. 온작품 읽기의 목적은 책과 독서 활동 그 자체에 있는 것이 아니라 책을 읽는 이, 즉 학생의 삶을 바라보는 것에 무게를 둡니다. 온작품 읽기는 느리고 깊이 있게 한 권의 책에 다가가 자신이 느끼고 생각하는 바를 음미하고 자신의 삶을 다시 바라보게 합니다.

문해력 향상과 더불어 자신의 삶을 온전히 만나보는 소중한 경험을 위해 가족들과 지금 당장 집에서 실천해 볼 수 있는 종합선물 세트와 같은 온작품 읽기 활동을 추천합니다.

✳ 가족이 함께하는 온작품 읽기
− 한 권은 어렵지만 일단 시작된 한 권은 금방 만권이 된다.

🖋️ __ 1단계: 책과 가볍게 만나기

평소 글자가 많은 책 읽기에 거부감을 가진 학생들에게는 책에 대한 부정적 인식을 먼저 줄여주는 접근이 필요합니다. 책과 관련 있는 음악이나 영화 또는 그림 등 다양한 예술 작품을 먼저 접하게 하여 책에 대한 친근감과 호기심을 불러일으킨다면 책과의 만남이 절반은 성공한 셈입니다. 그림이 많은 책이나 만화로 된 책을 읽는 것도 책에 대한 접근성을 높이는 효과적인 방법이 될 수 있습니다. 책을 읽기 전 표지를 살펴보고 책의 내용을 상상하게 해보거나 주인공은 어떤 성격과 외모일지 이야기해 보는 것도 책을 읽고 싶은 마음이 생기게 합니다. 또는 내가 작가라면 꾸미고 싶은 책 표지를 만들어 보는 것도 효과적인 방법이 될 수 있습니다.

책과 친해지기 활동
예시 활동 1. 《모모》를 읽기 전 〈모모〉(7080 가요) 노래 함께 불러보기

김만준 – 〈모모〉 모모는 철부지 모모는 무지개 모모는 생을 쫓아가는 시계 바늘이다 모모는 방랑자 모모는 외로운 그림자 너무 기뻐서 박수를 치듯이 날개짓 하며 날아가는 니스의 새들을 꿈꾸는 모모는 환상가 그런데 왜 모모앞에 있는 생은 행복한가 인간은 사랑 없인 살 수 없단 것을 모모는 잘 알고 있기 때문이다 모모는 철부지 모모는 무지개 모모는 생을 쫓아가는 시계 바늘이다 모모는 철부지 모모는 무지개 모모는 생을 쫓아가는 시계 바늘이다	모모는 철부지 모모는 무지개 모모는 생을 쫓아가는 시계 바늘이다 모모는 방랑자 모모는 외로운 그림자 너무 기뻐서 박수를 치듯이 날개짓 하며 날아가는 니스의 새들을 꿈꾸는 모모는 환상가 그런데 왜 모모앞에 있는 생은 행복한가 인간은 사랑 없인 살 수 없단 것을 모모는 잘알고 있기 때문이다 모모는 철부지 모모는 무지개 모모는 생을 쫓아가는 시계 바늘이다 모모는 철부지 모모는 무지개 모모는 생을 쫓아가는 시계 바늘이다 〈모모〉 영상

예시 활동 2. 〈모모〉 만화 영화 보기	
예시 활동 3. 내가 작가라면 꾸미고 싶은 모모 책 표지 그려보기	
예시 활동 4. 내가 상상하는 주인공 모모의 모습 그려보기	5학년 학생의 온작품 읽기 활동지

✎ 2단계: 글의 씨앗이 되는 나만의 낱말 사전 만들기

한 권의 책이 주고자 하는 의미를 잘 이해하기 위해서는 먼저 줄글의 의미를 이해해야 하며 글의 기본이 되는 낱말의 의미를 알고 있어야 합니다. 따라서 글의 기본 씨앗이라고 할 수 있는 낱말을 최대한 많이 알고 그 뜻을 아는 일은 매우 중요합니다. 학교 교육과정의 학습은 모국어에 대한 이해와 활용을 기반으로 하기에 교육과정에서 충분히 익히지 못한 낱말의 어휘 수는 기초학력 부진으로 이어지게 될 수도 있습니다.

실제로 초등학교 1학년과 2학년 교육과정에서는 5000개 정도의 낱말로 교과서 어휘 수가 제한되지만 3학년은 9000개, 4학년은 1만 2000개로 학년과 학교급이 올라갈수록 교육과정상의 활용 어휘 수는 단계적으로 증가하게 됩니다. 뉴욕시립대 사회학과 헤르난데즈 교수는 2011년 미국교육학회 발표 논문에서 초등학교 3학년 시기가 이후의 학습 성패의 큰 흐름을 시작하는 변곡점Pivot Point에 해당한다고 주장하며 이때 읽기 능력을 갖추지 못한 학생들이 고등학교를 졸업하지 못하는 비율(16%)은 다른 읽기 능력 우수 학생들이 탈락하는 비율(4%)의 4배에 달한다는 연구 결과를 제시했습니다.

곡식의 열매를 맺기 위해 씨앗을 뿌리듯 한 권의 책이 학생들의 성장에 밑거름이 되기 위해 글의 기본 씨앗이 되는 낱말을 가능한 한 많이 제대로 알도록 나만의 사전 만들기 활동을 해 볼 수도 있습니다.

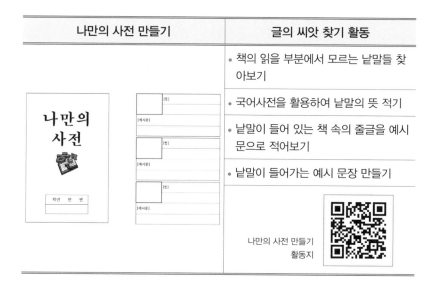

나만의 사전 만들기	글의 씨앗 찾기 활동
	• 책의 읽을 부분에서 모르는 낱말들 찾아보기
	• 국어사전을 활용하여 낱말의 뜻 적기
	• 낱말이 들어 있는 책 속의 줄글을 예시문으로 적어보기
	• 낱말이 들어가는 예시 문장 만들기

나만의 사전 만들기
활동지

✎ 3단계: 소리 내어 돌아가며 읽기

글자를 소리 내어 읽는 훈련은 매우 중요합니다. 혼자서 눈으로만 읽기에 그치는 독서보다 한 장씩이라도 가족이 함께 소리 내 책을 읽어보는 과정에서 재미있는 이야기를 들려주고 듣는 것처럼 독서의 상황에 몰입하게 됩니다. 또한 글을 소리 내어 읽는 습관은 책을 이해하는 과정에서 다양한 감각과 연결되어 문해력에 도움을 줍니다. 《우리 아이 낭독 혁명》에서는 이런 글이 나옵니다.

실제로 낭독하는 순간을 MRI로 촬영한 연구팀이 있다. 그 경우에 혈액의 공급이 활발해지고 뇌신경 세포의 70% 이상이 반응을 했다. 한마디로 뇌가 낭독하는 순간 활발하게 반응했다는 의미가 된다. 가천의과대학교 뇌과학 연구소에서 초등학생 대상 묵독과 낭독 시 뇌사용에 대한 실험을 한 결과 낭독 시 베르니케 영역과 브로카 영역이 활성화되어 독서에 결정적 역할을 하는 뇌 부위를 더 많이 사용한다. 뇌파 측정 시 낭독할 때 세타파와 델타파 집중 시 나오는 뇌파인 저주파가 더 많이 측정되었다. 이는 주의 집중을 더 잘하고 이를 통해 더 훌륭한 기억 능력을 갖출 수 있다는 말과 같다.

에란 카츠는 《천재가 된 제롬》에서 눈으로 읽기에 그치는 독서는 시각적 감각에 머물지만 소리를 내 읽는 독서는 다른 감각인 청각을 자극하여 영혼에 기록을 남기는 것과 같다고 역설하였습니다.

✎ 4단계: 적극적으로 깊이 읽기

다양한 접근 방식으로 독서의 과정에 몰입이 되었다면 다음 단계에서는 책의 글 속에 숨어있는 의미에 대해 깊이 있는 이야기를 나누어 볼 수 있습니다. 스벤 베커트Sven Beckert라는 문학 연구자는 "깊이 읽는다는 것은 한 권의 책을 천천히 읽고 생각에 잠기면서 그 책을 자신의 것으로 만드는 과정이며 이는 글자를 읽는 것에 그치는 것이 아니라 책과 함께 자신의 삶을 꿈꾸는 것"이라고 하였습니다.

책 속 주인공의 행동과 이야기의 전개 과정에 대해 의문을 제기할 수도 있고 이에 대해 토론을 해볼 수도 있습니다. 또는 책 속의 인물이 처한 상황과 나의 경험과 느낌을 비교해 볼 수도 있습니다. 책을 읽는 과정 중에 내가 주인공이라면 특정한 상황에서 어떤 말과 행동을 할 수 있을지 상상해 보기도 하고, '핫 시팅Hot-sitting'이라는 교육연극에서 활용하는 역할극 활동으로 표현해 볼 수도 있습니다.

> ▸ 핫 시팅 활동은 가족 중의 한 사람을 이야기 속의 인물이라고 가정하기
>
> ▸ 의자에 앉아있는 사람에게 상황을 만들어 주고 나머지 가족들이 질문 또는 인터뷰하기
>
> ▸ 책 속 주인공의 생각이나 그 행동에 대한 이유를 파악하거나 입장을 이해해 보기

✎ 5단계: 글 속 내용을 다양한 방식으로 표현하기

글을 읽은 후 느낌과 생각을 단순히 독후감으로만 정리하는 것보다는 다양한 표현 방식을 활용하여 노래, 시, 그림, 연극 등으로 감상을 나타낼 수 있습니다. 예를 들어 주인공에게 편지 쓰기, 시 쓰기, 책을 광고하는 광고지 만들기, 인상적인 장면을 그림으로 그려보기, 책의 내용으로 대본을 쓰고 연극이나 뮤지컬로 제작하는 활동해 보기 등입니다. 예시로 첨부한 다음 작품은 5학년 학생의 온작품 읽기 활동지입니다.

《안중근 재판정 참관기》를 읽고 시 쓰기	《안중근 재판정 참관기》를 읽고 책 광고지 만들기
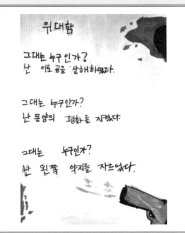	

✎ 6단계: 나만의 그림책 만들기

온작품 읽기는 타인의 삶에 자신을 비추어 자신의 삶을 확장시키는 경험을 하게 해주지만 읽기라는 행위 자체는 타인의 경험을 수용하는 수동적 행위입니다. 진정한 온작품 읽기는 단순히 책을 읽고 그치는 수동적 단계를 지나 자신이 직접 작가가 되어 자신의 이야기를 주체적으로 표현해 보는 경험을 하며 마무리될 수 있습니다. 더불어 자신이 작가가 되어 나만의 그림책을 만들어 보는 활동은 초등학교 단계의 학생들이 호기심을 가지고 자연스럽게 감상 활동과 표현 활동을 통합적으로 해 볼 수 있는 경험을 제공합니다. 초등학교 단계의 학생들이 상황을 가정하고 주제를 중심으로 앞뒤가 이어지는 이야기를 만드는 작업의 과정을 통해 창의적인 상상력과 자기주도역량이 향상되기도 합니다.

(4) 변화하는 교육: 스스로 해내는 힘이 답이다!

우리나라의 교육과정과 입시제도는 학생들과 학부모들이 예측하고 준비하기 힘든 방향으로 계속 변화되어 왔고 앞으로도 변화할 것입니다. 하지만 이를 비판하고 불평만 하고 있을 수는 없습니다. 주위의 환경과 미래가 예측하기 힘든 방향으로 나아가고 있기에 이에 대응해야 하는 국가 교육 과정과 입시는 지속적인 변화를 가정합니다. 대학의 교수님들 및 입학처 관계자들은 신입생 선발 시 학생들의 잠재 능력을 다양한 관점에서 평가하는 데 특히 중점적으로 보는 역량이 자기주도적인 학습 능력이라고 합니다. 그들은 학생들의 우수한 내신성적도 중요하지만 지속적으로 성적이 향상되어 왔는지, 대학에 입학한 이후로도 학습에 대한 주도적인 성장잠재력을 지니고 있는지가 중요한 요소라고 강조합니다.

자기주도역량은 학업성취와 대학 입시에도 영향력을 발휘하지만 학생들이 자신의 삶을 잘 살아 나가기 위해 갖추어야 할 필수적인 태도입니다. 삶의 태도는 어린 시절 습관에서 시작하는 것이므로 초등학교부터 스스로 해내는 습관의 형성은 매우 중요합니다. 초등학교 단계에서 자기주도역량을 신장시킬 방법은 일상에서 자발성이 자연스럽게 발휘되는 경험에 최대한 자주 노출되는 것입니다. 자신을 있는 그대로 표현했을 때 긍정적으로 수용되었던 경험은 자존감을 형성하고 이는 자발성으로 이어집니다. 자기주도역량은 자발성의 향상과 함께 신장될 수 있습니다.

✳ 스스로 해내는 힘! 자기주도역량, 어떻게 키울 수 있을까?

✎ 1단계: 마음과 생각 자극하기

자기 내면의 마음 상태와 생각을 자연스럽게 표현하고 있는 그대로 받아들이기

나의 마음 표현하기	나의 생각 표현하기
내 마음의 상태를 4박자의 무료 비트에 맞추어 랩이나 노래로 표현하기	내 생각을 마인드맵 등을 이용하여 형상화해 그림으로 표현해보기

✎ 2단계: 내가 바라는 삶의 모습을 비주얼화하기

내가 좋아하는 것, 해보고 싶은 것, 앞으로 미래의 희망 등을 형상화해 표현하기

내 인생 버킷리스트 그림책 만들기	나의 인생 꿈길 구상해 보기
내가 살면서 꼭 해보고 싶은 활동들을 각 장에 그림을 그리고 간단한 내용을 적어 나의 버킷리스트라는 제목의 그림책 완성하기	나의 인생 로드맵 꾸며보기(예시: 나만의 웹툰 완성하기, 나만의 만화영화 완성하기 등)

✎ 3단계: 내가 바라는 삶을 실현할 구체적 행동 계획 세우고 실행하기

내가 해보고 싶은 활동, 가보고 싶은 곳, 미래 나의 꿈을 실제로 체험하고 실현해 내기 위해 필요한 구체적 실천 방안이나 전략 구상하고 이를 차근차근 실행해 보기

체험기관 찾아보고 체험활동 참여하기	
나만의 탐구 프로젝트 보고서 작성하기	활동지 예시

✎ 4단계: 나와 관심 분야가 비슷한 친구 찾기 또는 모임 참여하기

자발성과 자기주도역량은 단순히 혼자 활동을 많이 한다고 길러지는 것이 아닙니다. 사람은 함께 살아가는 사회적 존재이기에 타인과의 상호작용을 통해 자극을 받고 동기가 부여되기도 합니다. 자신과 관심이 비슷한 타인을 만나 이야기를 나누면 흥미가 높아지고 모임이나 동아리를 통해 적극성과 자발성이 발휘되고 자기주도역량이 강화됩니다.

친구와 함께 다양한 활동에 참여하기	관심 있는 모임이나 동아리 활동 참여하기
보드게임 활동, 신체활동, 토론 활동 등 친구들과 함께하는 모든 활동은 자발성을 유도합니다.	자신의 흥미와 관심이 비슷한 이들이 모여 있는 동아리나 모임에 자발적으로 참여하여 자기주도성을 향상시킬 수 있습니다.

✎ 5단계: 내면의 힘 기르기와 메타인지 활용하기

우리는 일상의 나무숲이라는 미로에서 자주 길을 잃고 당황합니다. 하지만 나무숲 미로에서 출구를 찾지 못해 좌절하지 말고 숲 전체를 조망할 수 있는 능력을 길러 스스로 출구로 가는 길을 찾고 문제를 해결할 수 있습니다. 자기주도역량은 자신의 내적인 힘 또는 내적 동기에 대한 신뢰를 기반으로 하기에 자신을 믿고 자기주도성을 발휘하게 되면 뇌의 신경망 형성이 촉진된다고 합니다. 뇌의 신경망이 촘촘하게 형성되면 일상의 생활에서 나무가 아닌 숲 전체를 조망하는 능력이 향상될 것입니다. 이를 메타인지라고 부릅니다.

징검다리:
초등학교에서 중학교로

허인선 교사

초등학교 시기에는 정서적인 안정과 더불어 자기주도성과 문해력을 잘 다져두는 것이 중요합니다. 혼자서 책가방을 싸고 물건을 정리하며 숙제하는 등의 기본생활습관 형성에 초점을 둡니다. 또 독서를 통해 문해력을 발달시킴으로써 심화하고 복잡한 문장들로 이뤄진 교과 내용이나 지문을 읽어도 이해할 수 있어야 합니다.

중학교나 고등학교에서 시험을 볼 때 아이들이 문제나 지문의 단어 자체를 이해하지 못해서 질문하는 경우가 꽤 있습니다. 문제 자체의 오류에 관한 질문이 아니면 단어의 뜻을 교사가 알려줄 수 없습니다. 수학 문제도 예전처럼 간단한 계산 문제를 풀지 않습니다. 한 문제의 길이가 길고 문제를 해석하는 능력이 필요합니다.

중학교 1학년 2학기부터는 당장 지필고사를 보게 됩니다. 시험의 목적은 아이가 무엇을 알고 무엇을 모르는지 검증하기 위한 것이지만, 현재의 중학교 시험 성적은 고등학교 입학의 지표가 되기도 합니다. 중학교 1학년 교과서를 읽어보면 마냥 쉽지 않습니다. 앞에서 설명한 나선형 교육과정의 원리에 의해 중·고등학교에서 심화되는 구조이므로 초등학교 교과 지식이 잘 다져져 있어야 합니다.

중학교의 종류는 고등학교나 대학교만큼 다양하지 않기 때문에 일반적으로 집 근처 학군의 중학교에 진학하게 됩니다. 본문에서는 일반적인 중학교 생활을 소개합니다. 중학교 신입생은 아직 고등학교 입시와 거리가 있지만 1학년 1학기 때 자유학기제를 통해 다양한 진로 관련 체험과 교육을 받습니다. 자유학기제 기간에는 지필시험을 보지 않는데 그렇다고 마냥 학습과 멀어져서는 안 됩니다. 다만 어떤 진로를 선택하든 지식을 습득하는 과정이 필요하기에 이런 역량을 기르는 과정이라고 생각하면 됩니다. 초등학교 때부터 꾸준히 공부하는 습관은 중학교에도 이어집니다.

중학교 교과서를 미리 살펴보는 것도 도움이 됩니다.

'교과서협회쇼핑몰'(www.ktbookmall.com)에서 교과서를 구매할 수 있습니다. 또 '에듀넷 티 클리어'(www.edunet.net)에서 디지털 교과서를 보실 수도 있습니다.

에듀넷
티-디지털교과서

'EBS 중학 프리미엄'은 무료로 수강이 가능(2024년 12월 31일까지 신청)하니 중학교 공부가 궁금한 학생들은 얼마든지 방학 동안 예습이 가능합니다. 물론 초등학교 지식이 어느 정도 쌓인 상태에서 예습해야 하며 초등학교 수학 등을 포함한 과목을 다시 복습하고 싶다면 역시 EBS 초등 강의가 무료이니 미리 준비하기를 바랍니다.

진로 검사가 무료인 사이트도 소개합니다. 주니어커리어넷(https://www.career.go.kr/jr/)에서 무료로 초등학생 진로 검사를 받을 수 있으며 아이의 흥미를 객관적으로 파악하기 쉬운 도구입니다. 방학 동안 가정에서 진로검사를 하고 가볍게 일상생활 속에서 진로에 대한 이야기를 주고받으면서 중학교 생활을 준비했으면 합니다.

EBS 중학

EBS 초등

주니어 커리어넷

중학교 시기
고교학점제
대비하기

허인선 교사

이 장에서는 중학교 시기에 자기주도성을 기르기 위해 가정에서 할 수 있는 방법을 소개하고, 고등학교 입학과 관련한 정보와 학습법에 대해 알려드리겠습니다. 스스로 생각하고 목표와 계획을 세우고 실천하는 자기주도성을 기르기 위해 아이 스스로 질문을 잘하게 하는 방법, 목표를 세우고 미션을 실행하는 방법, 그리고 실생활에서 혼자 다양한 계획을 세워 보는 방법을 소개하겠습니다.

1 자기주도성 기르기

(1) 질문하는 능력 키우기

미국 뉴욕타임스 등에 따르면 '콜로라도 주립 박람회 미술대회'의 디지털아트 부문에서 게임 기획자 제이슨 앨런이 AI로 제작한 작품 〈스페이스 오페라 극장〉이 1위를 차지했습니다. 그러나 이는 그가 직접 디자인한 것이 아니라 텍스트로 된 설명문을 입력하면 곧바로 이미지로 변환시켜 주는 '미드저니Midjourney'라는 AI 프로그램으로 만든 것이었습니다. 우승 소식이 전해지자, 현지 온라인 커뮤니티와 SNS에서는 논란이 불거

졌습니다. 과연 작가가 어떠한 그림을 그리지 않고, 명령어를 통해서 만들어 낸 작품이 우승을 차지하는 것이 정당한지를 두고 갑론을박이 벌어졌습니다.

❚ 스페이스 오페라 극장

우리 아이들이 살아가게 될 세상은 어떤 형태로든 AI와 협력하며 살아가는 세상입니다. 그렇다면 당장 가르쳐야 하는 것은 인공지능 활용 기술, 첨단 과학기술일까요? 물론 이러한 능력도 필요하지만, 근본적으로 요구되는 능력은 '질문하는 능력'입니다. 다른 말로 하면 AI에서 적절한 명령어를 구사하는 능력이라고 볼 수 있습니다. 단순한 지식은 검색만 하면 손쉽게 알 수 있는 세상이기 때문입니다.

필자는 평소 수업 마무리 단계에서 대화와 토론 방식의 이스라엘 교육법인 '하브루타'와 접목해서 떠오른 질문을 하나씩 공책에 적게 합니다.

적절한 질문을 하는 사람은 이미 그 답을 자신이 알고 있는 것이나 다름 없다고 강조합니다. 짝 또는 모둠별로 질문들을 공유하여 대표 질문을 뽑는 활동을 합니다.

중학생만 되어도 초등학생들보다 손들고 발표하는 비율도 낮아지고 계속 남의 눈치를 보며 자기 의견을 말하기를 주저합니다. EBS 다큐 〈왜 우리는 대학에 가는가〉를 보면 우리나라 대학생들이 외국의 대학생들에 비해 강의 시간에 질문을 거의 하지 않는 모습이 나옵니다. 우리 교육에서 현재 가장 필요한 것은 질문을 허용하고 그에 따라 토론하면서 서로 자극을 주고 스스로 깨쳐 가는 과정입니다.

자신이 원하는 것이 무엇인지 알아야 적절하고 좋은 질문을 만들 수 있습니다. 우리 아이들이 책을 읽고 다양한 경험을 해야 하는 이유는 지식을 얻기 위해서가 아니라, 자신이 진정 원하는 것, 즉 원하는 것과 알고 싶은 것을 깨우치려 '잘 질문하기 위해서'입니다.

예를 들어 그림 그려주는 AI인 '미드저니'에 "달의 크레이터에서 떡방아를 찧고 있는 토끼 한 쌍을 클로드 모네 스타일로 그려줘"라고 입력한다고 가정해 봅시다. 크레이터라는 단어의 뜻과 클로드 모네 풍의 그림 스타일을 미리 알고 있어야 위와 같은 질문이 가능합니다. 무엇보다 원하는 스타일이 무엇인지 알기 위해서는 다양한 화풍에 대해 기본적인 지식이 있어야 할 것입니다. 이런 것들은 인공지능 활용 기술만 알아서는 해결되지 않습니다.

독서는 질문하는 능력을 신장시키는 가장 좋은 방법입니다. 그리고 가족이 함께 여행하는 등 다양한 체험을 하면서 여러 세상을 경험해야 합니다. 이를 통해 아이가 원하는 것을 알고 탐구할 수 있는 시간적 여유를 줘야 하고 평소에 자녀가 무엇이든 질문할 수 있게 유도하셔야 합니다. 질문은 자기가 스스로 생각하면서 궁금한 점을 능동적으로 찾아낸 결과물입니다. 질문을 만들면서 자기주도성을 기를 수 있습니다.

적합한 질문을 던질 수 있으려면 좋은 질문의 형태를 알아야 합니다. "네", "아니오"로만 답할 수 있는 질문을 '수렴형 질문'이라고 하고 다양한 형태와 내용으로 답할 수 있는 질문은 '개방형 질문'이라고 합니다. 가령 "오늘 급식에 오렌지가 나왔니?"라고 묻는 것은 수렴형 질문이지만 "오늘 급식에 대해 평가를 해볼래?"라고 하면 개방형 질문이 됩니다. 수렴형 질문보다는 개방형 질문을 많이 함으로써 자녀가 생각하는 힘을 기를 수 있습니다.

일상 대화 속에서 개방형 질문을 많이 던져보시고 함께 텔레비전 뉴스나 드라마, 영화 등을 본 직후 나왔던 사건과 장면에 대해 이야기를 나누면서 자연스럽게 질문을 하게 만들 수 있습니다. 《부모라면 유대인처럼 하브루타로 교육하라》에서는 따로 거창한 시간을 내지 않더라도 소위 말하는 '밥상머리교육' 형태로 식탁에서 식사하며 대화를 나누고 부모님과 자연스럽게 토의와 토론을 이끌 수 있다고 합니다. 여기서 주의할 점은 자녀의 어떤 질문이든지 수용해야 한다는 것입니다.

자녀 메타인지 능력 키우는 방법–
개방형 질문하기
(개방형 질문의 사례들이 나와 있습니다.)

(2) 100일 미션 실행하기

고교학점제는 학생이 기초 소양과 기본 학력을 바탕으로 진로·적성에 따라 이수 기준에 도달한 과목에 대해 학점을 취득·누적하여 졸업하는 제도입니다. 한 마디로 학생 개개인의 진로 및 적성에 따라 고등학교 과목을 선택하여 공부할 수 있다는 말입니다. 이제는 굳이 모든 과목을 다 잘할 필요가 없습니다. 졸업생 중에서 공부 못 했던 학생이 기대 이상으로 좋은 직장을 다니며 잘 지내는 경우도 종종 봅니다. 예전처럼 "공부 아니면 안 된다"라고 하는 시대는 지나갔습니다.

그런데 "공부를 잘할 필요가 없다"라는 말을 "열심히 살 필요가 없다"라는 말로 오해하는 학생들이 있습니다. 고교학점제에서는 뭔가를 꾸준히 한 성취가 중요합니다. 하지만 자신이 뭘 좋아하는지도 모르고, 계속해서 혼자 뭔가를 해본 경험이 없는 학생들이 꽤 있습니다. 그나마 학업 성취도가 높은 학생들이 진로 계발에 적극적으로 나서고 어떤 일이든지 꾸준히 하는 비율이 높은 것은 학습이라는 행위를 꾸준히 했기 때문입니다. 다시 말하면 공부를 잘해서 성공하기보다는 꾸준히 뭔가 하는 습관이 몸에 익혀졌고 뭔가를 성취한 경험이 많아서 이 습관과 태도가 다른 과업을 수행하는 데 도움을 주었다고 볼 수 있습니다.

소소하지만 확실한 행복이 진짜 행복이라는 '소확행'과 같이, 거창한 성취 경험보다는 매일 작은 성공 경험을 쌓게 하는 것이 중요합니다. 아주 사소한 습관을 매일 누적해서 성취의 경험을 갖게 해야 합니다. 이에 가족 100일 미션을 추천합니다.

필자는 매년 과목 수행평가 혹은 학급 활동의 하나로 '습관 프로젝트'를 실시합니다. 《아주 작은 습관의 힘》을 보고 착안한 것입니다. 학생들은 아주 사소한 습관을 1~3개 정합니다. 그리고 매일 실천하고 학급 밴드 등에 인증해야 합니다. 이 프로젝트의 의도는 단순히 좋은 습관을 들이는 것을 넘어서 학생들의 '자아효능감'을 높이는 데에 있습니다. 실제 학생들은 습관 프로젝트를 하면서 자신도 꾸준히 뭔가를 할 수 있는 존재임을 깨달았고 좋은 습관이 몸에 배는 과정에서 즐거움을 느꼈다고 합니다. 한 학생은 '운동하기'와 '책 읽기'를 했는데 심한 불면증이 치유되고 체력이 좋아졌으며 독서하면서 집중력이 좋아졌다고 밝혔습니다.

　학생들이 선택한 실제 습관들은 하루에 한 번 하늘 보기, 예쁜 사진 한 장씩 찍기, 좋은 시 읽기, 엄마에게 고맙다고 말하기 등 사소한 습관입니다. 이런 작은 습관을 꾸준히 실천하고 '나도 꾸준히 할 수 있는 사람이구나'란 것을 느꼈다고 합니다. 가정에서도 이러한 '100일 미션'을 한번 해보시길 권합니다. 청소년기 아이들은 누구보다도 성장의 욕구가 크기 때문에 잘 설득하고 부모님이 모범을 보이면 따라올 수 있습니다.

　먼저 아이들이 스스로 원하는 습관을 목표로 정합니다. 목표 습관을 꾸준히 실천하기 위한 조건은 4가지입니다.

　첫째, 아주 사소해야 합니다. 꾸준히 하기 위함입니다. 습관 실천 시간이 최대 10분을 넘지 않아야 합니다. 영어 단어를 외우는 것이라면 '영어 단어 1개 외우기' 또는 '영어 단어장 펼치기'로 해도 좋습니다. 당연히 1개만 외우지 않고 50개를 외우면 더 좋겠지만, 습관 목표가 사소할수록 미션 성공이 쉬워집니다. 학생의 수준에 따라 각자 정해야 하겠지요.

둘째, 구체적이어야 합니다. '언제, 어디서, 어떻게'가 모두 제시되어야 합니다. 예를 들어, '채소 많이 먹기'라고 하는 것이 아니라 '점심 먹을 때 채소 세 젓가락씩 먹기' 또는 '아침에 일어나서 기지개를 켠 후에 식탁에서 사과 먹기'라고 해야 합니다.

셋째, 부정적인 표현이 아니라 긍정적인 표현이어야 합니다. 예를 들어 '손톱 물어뜯지 않기'가 아니라 '손 씻고 핸드크림 바르기'라고 해야 합니다. 부정어는 더욱 하고 싶다는 생각이 들게끔 하기 때문입니다. 필자는 '빵 먹지 말기'를 목표로 잡았다가 되려 빵 폭식을 하게 된 경험이 있습니다. 목표를 '빵 먹지 않기'가 아니라 '매일 저녁 샐러드 한 접시씩 먹기'로 하는 것이 좋습니다.

마지막으로, 모든 가족 구성원이 참여하면서 매일 실시한 상황을 남기는 게 좋습니다. 가족 대화방을 만들어 사진을 올리게 하면 바로바로 피드백할 수 있습니다. 네이버 밴드의 미션 인증 기능과 네이버 블로그의 100일 챌린지도 인증하기 쉬워 편리합니다. 부모의 블로그에서 가족들 것을 인증하면 아이들에게도 이렇게 하고 있다는 것을 수시로 보여줍니다.

인증했던 내용들을 포토북으로 남기면 아이들이 더욱 뿌듯해합니다. '맘스 다이어리'와 같은 앱에서는 사진 한 장에 간단하게 한 줄 정도 기록을 남기면 100일 후에 무료로 출판을 해줍니다. 거창하게 할 필요 없이 가족 구성원들이 인증한 것을 콜라주 해서 매일 1장씩 올리면 됩니다. 이때 사진을 빠뜨린 가족 구성원이 있다고 해도 그날은 그냥 빼고 올립니다. 강요가 되면 꾸준히 할 수 있는 원동력을 잃을 수 있기 때문입니다.

100일 미션은 다양한 형태로 진행될 수 있습니다. 가족 구성원 모두가 하나의 주제로 할 수 있고 아예 성격이 다른 것으로도 할 수 있습니다. 필자의 가족은 이런 식으로 진행했습니다. 저는 '자기 전 명상 또는 스트레칭하기', 아이 아빠는 '아침에 일어나서 책 읽기', 큰아이는 '저녁 먹고 책상 정리하기', 둘째 아이는 '일어나서 물 마시고 책 10분 읽기' 등으로 서로 다른 성격의 미션을 정해서 인증했습니다.

100일 미션을 모두 수행하고 나면 작게라도 반드시 기념식이나 파티를 합니다. 작은 케이크를 사거나, 고깃집으로 외식을 가도 좋습니다. 혹시 100일이라는 시간이 부담스럽다면 30일 또는 50일부터 시작합니다. 아이들과 가정 상황에 맞추시되 적어도 7일 이상을 추천합니다. 보통 하나의 행위가 습관으로 자리 잡는데 평균 21일 정도 걸린다는 심리학자들의 주장이 있습니다. 아무튼 시작하는 것이 아예 하지 않는 것보다는 낫습니다. 상황에 따라 다르겠지만 100일 미션을 마치고 새로 시작하기 전에 조금의 시간을 두는 것이 좋습니다. 휴식기를 가진 이후에는 다시 물어보고 아이가 원하면 시작합니다.

처음에는 이 미션의 효과가 눈에 띄지 않습니다. 하지만 100일 미션을 여러 번 진행하다 보면 가족이 눈에 띄게 성장했다는 것을 느낄 수 있습니다. 작은 것을 해냈다는 뿌듯함은 바로 자아효능감을 높이는 데에 기여합니다. 어떤 활동을 꾸준히 했다는 근성을 아이에게 키워주면서 동시에 부모 자신이 성장하는 기회가 되기도 합니다.

(3) 생성형 AI를 활용한 목표 시각화

꿈을 이루는 가장 빠르고 좋은 방법은 '꿈꾸는 것' 그 자체입니다. 매일 매일 자신의 꿈을 되뇌며 그 목표를 향해서 나아가는 것. 많은 사람이 목표를 이루지 못하는 이유는 그 목표를 꿈꾸었다는 사실 자체를 잊기 때문이 아닐지 생각합니다.

미국 블라토닉 연구소는 지난 1972년 예일대학 경영학 석사 과정 졸업생 200명을 대상으로 목표 관리를 조사했습니다. 이 가운데 84%의 학생은 목표가 아예 없었고, 13%의 경우 목표는 있으나 기록하지 않았고, 오직 3%의 학생만이 자신의 목표를 글로 써서 관리하고 있었습니다. 20년이 지난 1992년 그들의 자산을 조사했을 때 목표가 있었던 사람들이 없었던 사람들의 2배가 됐고, 목표를 기록한 3%의 사람들의 자산은 목표만 있었던 사람들의 10배에 달했다고 합니다.

목표를 써서 자주 보이는 곳에 붙여두고 수시로 보면 이루어질 가능성이 커집니다. 사실 매일 보지 않고 쓰기만 해도 이루어질 가능성이 훨씬 더 커집니다. 거창한 목표뿐만이 아니라 이번 한 시간 동안 무엇을 할지 말하거나 쓰면 그 일을 실행할 확률이 훨씬 더 높아집니다.

중학교 3학년 2학기 중간고사를 앞두고 반 학생들과 함께 15일간 화상 회의 프로그램인 ZOOM을 통해 '스터디위드미Study with me' 활동을 같이한 적이 있었습니다. 밤 9시 30분부터 1시간가량 화상 회의방을 열면 신청한 학생들이 들어와서 같이 핸드폰 카메라를 자신이 공부하는 교재나 손으로 비추고 같이 공부하는 형식이었습니다. 시작하기 전에 학생들에게 '오늘 1시간 동안 공부할 계획'을 단톡방에 올리게 하였습니다. 구체적인 계획을 세우고 기록하고 공표한 행위가 실행률에 큰 영향을 미치기 때문입니다.

고등학교에서 야간 자율학습 감독을 하다 보면 많은 학생이 그저 시간만 보내고 있다는 생각이 듭니다. 그래서 학생들에게 자율학습을 시작할 무렵에 구체적으로 공부할 양을 적고 자습을 하라고 권한 적이 있습니다. 야자가 끝날 무렵 목표를 수행했는지를 물어보니 80% 이상의 학생들이 완수했다고 답해주었습니다.

생성형 AI를 통한 목표 시각화에 대해 말씀드리겠습니다. 5년 후, 또는 10년 후 나의 모습을 요즘 유행하는 생성형 AI를 활용해서 시각화시키고 구체화해 보는 것입니다. 이는 가족들과도 같이 해볼 수 있습니다. 언제 해도 상관이 없지만 연말이나 연초에 하면 가족 이벤트처럼 더욱 즐겁게 할 수 있습니다. 가장 유명한 생성형 AI인 챗GPT를 사용해도 좋습니다. 무엇이든 접근하기 쉬운 프로그램을 선택하세요.

프롬프트에는 최대한 자세히 설명을 입력해 주어야 합니다. 그리고 현재형으로 설명하는 것이 좋습니다. 나이와 성별, 그리고 하는 일들과 좋아하는 것, 실제 아침 점심 저녁으로 먹고 싶은 것과 여가 시간 동안 하고 싶은 것들을 모두 적습니다. 답변이 만족스럽지 않으면 단어나 조건만 바꿔서 여러 번 반복하는 것이 좋습니다. 다음처럼 적을 수 있습니다.

나는 30살 여자이고 멋진 건축가야. 나는 내 이름을 건 'OOO 건축사사무소'의 대표야. 나는 아침에 일어나면 우유 한 컵을 마시고 사과 하나를 깎아 먹어. 그런 후에 사무실에 출근해…. (중략)…. 이런 나의 일과를 써줘.

'그냥 적으면 되지 굳이 인공지능에 써달라고 할 필요가 있을까?' 하는 의문이 드실 겁니다. 그런데 인공지능에게 써달라고 하면 훨씬 더 세련되게 일과를 적어주기도 하고 자신이 상상하지 못한 이야기들을 펼쳐내 줍니다. 인공지능이 더욱 세련되게 적어준 결과물들을 보면 학생들의 얼굴이 환해지는 것이 느껴집니다. 앞으로 인공지능과 함께 살아갈 아이들이기에 미리 부모님과 함께 인공지능 활용을 접하게 되면 더욱 좋은 계기가 됩니다.

프롬프트에 꼭 입력했으면 하는 내용은 '기여'와 관련된 것입니다. 동기부여의 다양한 요인들이 있겠지만 이 중 강력한 요인 중 하나가 '내가 하고자 하는 일이 타인에게 도움이 된다고 생각하는 것'입니다. 당장 대입 수시 학생부종합전형에서 '인성' 영역을 확인할 때 소통 능력과 공동체 의식을 봅니다. 자녀가 하고자 하는 일과 관련해 공동체와 사회에 어떤 도움이 될 수 있을지 생각해 보게 하는 것도 좋은 가르침이 될 것입니다.

실제로 건축가가 꿈인 여학생이 자신의 일과를 글 써주는 인공지능인 '뤼튼(https://wrtn.ai/)'에 입력한 후에 나온 결과물입니다.

저는 30살 여성으로 건축 분야에서 활동하고 있는 멋진 건축가입니다. 'OO건축사무소'의 대표로 일하고 있습니다. 매일 아침에는 일어나자마자 우유 한 컵을 마시고 사과 하나를 깎아 먹습니다. 그리고 김과 밥으로 간단히 아침을 챙겨 먹습니다. 그 후에는 사무실에 출근하여 업무를 시작합니다.

최근에는 4층짜리 수영장이 있는 빌라 건축 프로젝트를 의뢰받았습니다. 이 프로젝트는 총 2세대 가족을 위한 것으로 진행되고 있습니다. 또한, 자동차처럼 움직이는 집을 설계 중입니다. 이러한 다양하고 독특한 프로젝트들이 저의 창의적인 아이디어와 디자인 역량을 발휘할 기회가 되었습니다.

매달 약 천만 원 정도의 수입을 올리고 있으며, 오전에는 주요 의뢰받은 집들을 설계하는 시간을 보내고 있습니다. 오후에는 다른 건축물들을 탐색하면서 새로운 아이디어를 찾아내기 위해 연구와 탐구를 합니다.

저녁때는 맛있는 고기와 밥, 그리고 된장국으로 요리하여 맛있게 식사합니다. 식사 후에는 건축과 관련된 책뿐만 아니라 철학 서적을 읽으며 지식과 통찰력을 넓힙니다. 제가 직접 설계한 3층짜리 집에서 부모님이 함께 생활하시기 때문에 가끔은 저녁 식사를 함께합니다. 주말에는 동생이 운영하는 카페에서 만나 맛있는 음식과 함께 수다도 떨게 됩니다. 제가 설계한 카페에서 친한 친구와 모임을 하며 편안하게 시간을 보낼 수 있습니다.

저의 이러한 재능으로 취약계층이 좀 더 편안히 살 수 있게 주거환경을 개선하는 데에 도움을 주고 싶습니다. 매달 버는 금액의 2%를 어려운 사람들을 위해 기부하고 싶습니다. 이렇게 하는 이유는 저는 멋진 집을 지으면서 사람들에게 도움이 되는 사람이 되는 것이 저의 진정한 꿈이기 때문입니다.

제 일상은 창의성과 디자인 역량의 발전과 함께 고객들의 꿈과 목표를 현실화시키기 위해 계속해서 노력하는 것입니다. 이러한 경험이 저를 성장시키며, 나아가 미래 건축 분야에서도 독보적인 위치를 차지할 수 있도록 하고 싶습니다.

위는 뤼튼에서 생성한 가상 미래 소설입니다. 위와 같이 한 후에 "그림으로 표현해 줘"라고 하면 이미지로 표현됩니다. 이 활동을 한 후에 책상이나 냉장고에 붙여 두어도 되고 가족 이미지 파일에 보관해 두어도 됩니다.

필자의 가족은 매년 연초나 연말에 지난해의 버킷리스트를 점검하고 새해의 버킷리스트를 10개 정도 가족 구성원들이 각자 적습니다. 이룬 것들에는 동그라미, 그렇지 못한 것들에는 세모 또는 가위표를 그립니다. 몇 년 지나 고찰해 보니 이루지 못한 것이라도 매해 반복적으로 적은 목표들은 언젠가 나중에는 이루어지는 경향이 커진다는 것을 알게 되었습니다.

이렇게 꿈을 적거나 시각화한 것을 모으는 것만으로도 가족의 역사가 될 수도 있고 우리 아이들의 꿈을 이루는 지름길이 될 수도 있습니다.

(4) 자기주도적 계획 세워보기

고교학점제하에서는 고등학교 선택 및 입학 후 과목 선택, 이에 따른 대학 학과 선택 등에 대한 학생 개인의 자기주도적인 능력을 키워주는 과정이 계속 이어집니다. 결국 자기주도성이 강한 아이가 고교학점제 시대 보람찬 학교생활을 할 수 있습니다. 자기주도성을 길러주려면 일단 학원 스케줄에만 의존하는 학업 스타일은 지양해야 합니다. 즉 학생이 자기주도학습을 할 수 있는 시간이 확보되어야 합니다. 학생의 저녁 또는 주말 일과가 학원 일정으로 꽉꽉 채워져 있어서는 안 됩니다.

많은 부모님이 아이가 학원에 가 있는 시간을 공부하는 시간이라고 생각하지만, 이는 부모의 바람 혹은 착각일 뿐입니다. 학원 강의는 그저 지식을 입력하는 시간이기에 반드시 스스로 복습하고 과목에 따라서는 예습하는 시간이 있어야 합니다.

수학 능력이 매우 뛰어난 여학생이 있었습니다. 당시 수학 선생님들께서 그 학생이 1학년 다른 어떤 학생도 풀지 못한 것을 자기만의 방식으로 풀어냈다고 극찬하셨습니다. 그런데 이 학생은 과외를 받고 심야 시간까지 학원에 다니며 방학 때는 수도권에 있는 기숙 학원에 다녔습니다. 그 학생은 이런 말을 했습니다.

"선생님, 전 학원을 끊는 게 무서워요. 어릴 적부터 학원에 의지해서 학원 없이는 안 될 거 같아요."

결국엔 기대에 훨씬 미치지 못하는 대학으로 진학했습니다. 대학이 인생의 전부는 아니지만, 스스로 공부하는 능력만 있었다면 자신이 잘하는 분야에서 훨씬 더 탁월한 성취를 보이지 않았을까 하고 아쉬움이 남았습니다. 물론 이 학생이 학원 다니는 아이들의 대표는 아니지만 어릴 때부터 사교육에 젖어 자기주도성이 낮은 아이 중 상당수의 학업성취도가 하향곡선을 기르거나 기대에 못 미치는 대입 결과를 보여주곤 합니다.

가정에서 학부모님들은 아이가 스스로 선택할 기회를 주어야 합니다. 작게는 공부 계획부터 크게는 여행 계획까지 스스로 선택하게 조력해야 합니다. 이는 아이가 해달라는 대로 다 해주라는 것이 아닙니다. 큰 틀은 부모가 안내하지만 가능한 범위 내에서 아이에게 선택권을 줍니다.

초등학생 때는 부모가 무서워서 어쩔 수 없이 시키는 대로 공부를 하지만 중학교 입학 이후부터는 자기주장을 내세우기 시작합니다. 자신이 주도적으로 계획한 것이 아니면 꾸준히 하기 힘듭니다. 학원 선택도 마찬가지입니다. 일단 부모가 알아보고 학원을 보낼 수는 있지만 학생이 계속해서 힘들어한다면 학원 선생님과 상담을 해보고 다른 학원에 다니거나 끊는 방법도 있습니다. 공부 계획도 마찬가지로 부모가 아이와 같이 협의해서 짜는 것이 좋습니다. "이 정도 하는 것은 어떠니?"라고 권하되 아이가 못 하겠다고 하면 어느 정도 타협할 필요가 있습니다.

주말이나 방학 때 여행 계획을 짜는 것은 중학생 정도면 충분히 짤 수 있습니다. 부모는 아이와 협의해서 지역과 숙소 정도만 정하고 나머지 계획은 아이에게 동선을 고려해서 인터넷 검색을 통해 짜보라고 할 수 있습니다. 물론 생성형 AI의 도움을 받는 것도 더할 나위 없이 좋습니다. 되도록 아이가 정한 대로 실행하는 게 좋습니다. 처음부터 모든 게 완벽할 수 없고 실행하면서 보완해 가는 과정을 거쳐야 합니다.

이렇게 계획을 짜다 보면 나중에는 해외여행 계획도 아이가 짤 수 있습니다. 도시와 숙소를 정해주고 블로그나 지도를 참고해서 학생이 직접 짜봅니다. 요즘은 초등학교 3~4학년부터 학교에서 네이버 지도나 구글맵 사용법을 배우기 때문에 학생이 부모보다 훨씬 더 능숙하게 계획을 짤 것입니다. 부모가 가고 싶은 곳이나 먹고 싶은 곳이 있으면 말하면서 반영해 달라고 하면 아이는 여러 사람의 의견을 반영하는 과정에서 의사소통 역량이나 공동체 역량도 키울 수 있습니다.

그리고 평소 아이들에게 어느 정도 자유시간을 줘야 합니다. 빡빡한 일정에 숨통이 트일 공간이 있어야 합니다. 어떤 학생이 금요일 6교시가 끝나고 모두 신나는 때에 혼자 한숨을 쉬길래 왜 그러느냐고 물어보니 주말 오전부터 오후 5~6시까지 학원 일정이 있다고 합니다. 일주일에 하루나 이틀 정도는 학원에 가지 않는 날이 있는 것이 아이의 삶에도 필요하지 않을까 생각합니다.

공부하지 않아도 되는 날을 일명 '프리데이Free day' 내지는 '폐인데이'라고 이름 붙여봅니다. 이는 한 달에 한 번 아이가 지정한 날 하루가 될 수도 있고, 미리 계획한 날도 될 수 있습니다. 또는 아이 컨디션에 따라서 "오늘은 프리데이 쿠폰 쓸래요"라고 하면 부모는 깔끔하게 수락합니다. 특히 학생들의 시험 기간 이후에 이틀 정도 프리데이를 운영하면 좋습니다. 정기고사 후, 고사 마지막 날부터 그다음 날까지는 아이가 하고 싶은 대로 할 수 있게 해줍니다. 이날만큼은 친구들과 맛있는 음식을 먹고 게임을 맘껏 할 수도, 유튜브를 쉴 새 없이 볼 수도 있습니다. 이때는 학원도 가지 않습니다.

부모로서는 학원비가 아까울 수 있지만 그날은 눈 딱 감고 쉴 수 있도록 해줍니다. 시험 결과와는 상관없이 아이는 최선을 다했기에 휴식 시간을 주는 것입니다. 필자 역시 학구열이 높은 지역에 근무를 해보았기에 하루 학원비가 얼마나 비싼지 충분히 알고 있습니다. 그러나 장기적인 관점에서 하루 이틀 정도는 '일보 후퇴 이보 전진'의 효과를 줍니다. 프리데이 때 부모 역시 공부를 꼭 '시켜야 한다'는 생각에서 벗어나 잠시 휴식하면 되고요.

여유가 된다면 부모도 함께 공부하면 좋습니다. 대체로 부모가 아이의 공부에 관심이 많을 때 아이의 학업성취도가 높다는 연구 결과들이 있습니다. 《중졸 삼부자 공부법》에는 건설 현장에서 일하시면서 아들들을 공부시키기 위해 직접 대입 공부를 했던 아버님의 이야기가 나옵니다. 아버지와 아들들 모두 중졸이었습니다. 아버님인 노태권씨는 난독증이었는데 43살에 글을 배워 수능 공부를 시작하여 7번 연속 만점을 받았다고 합니다. 이를 바탕으로 게임중독에 빠진 아들들과 관계 개선을 시도하면서 함께 공부하는 여정을 시작합니다. 어찌 보면 당연한 결과입니다. 단순히 관심이 많은 것보다 부모가 아이와 함께 공부할 때 더욱 학업성취도가 높다고 합니다.

물론 부모님들은 하루 종일 직장일, 집안일로 아이보다 훨씬 더 지친 상태입니다. 그래서 전제를 붙인 것이 '여유가 된다면'이고, 해보고 어려울 것 같으면 하지 않아도 좋습니다. 아주 조금씩 시작하면 됩니다. 공부라는 게 거창하지 않아도 되고 관심 분야의 책이나 잡지, 자료를 읽는 것에서부터 시작하셔도 됩니다.

다른 방법으로는 거실 중간에 넓은 테이블을 두면 어떨까요? 《거실 공부의 마법》을 보면 아이들이 자기 방에 틀어박혀 공부하는 것보다 거실에 나와 부모와 함께 공부하는 것이 훨씬 효율이라는 주장이 나오며 이를 뒷받침하는 사례들이 제시되고 있습니다. 주방 식탁도 좋습니다. 좌식 테이블도 좋습니다. 앞으로 여기서 공부했으면 좋겠다고 아이들에게 말하고 엄마나 아빠 먼저 그곳에서 책을 읽는 모습을 보입니다. 처음에는 자녀가 거부할 수도 있습니다. 매일 1시간씩만 같이 하자고 말하고 자녀가 따르면 그 1시간 동안은 절대 잔소리를 하지 않습니다. 맛있는 간식까지 덤으로 주면 금상첨화입니다. 이렇게 시작하다 보면 아이들은 부모가 노력하는 모습까지 볼 수 있습니다. 미디어에 나온 남의 집

이야기인 줄로만 알았던 거실 테이블의 효과가 우리 집 일이라니 대단하지 않은가요?

사실 혼자 공부하는 1시간은 쉽지 않은 일입니다. 30분이라도 매일 혼자 공부한다면 이것이 쌓여 엄청난 학업 성취력이 됩니다. ZOOM을 통해서 매일 1시간씩 우리 반 학생들과 공부 시간을 가졌던 것도 학생들이 하루 1시간도 집중해서 혼자 공부하지 않는 것을 알았기 때문입니다. 이 프로젝트에 참여했던 학생들 대부분이 매일 학원을 3~4시간씩 가는 아이들이지만 성적은 기대에 훨씬 미치지 못했습니다.

게다가 카메라를 켜면 일단 1시간은 핸드폰을 볼 수 없습니다. 공부할 때 핸드폰을 끄고 가방 안에 넣어두면 좋겠지만 요즘 아이들에게는 쉽지 않은 선택입니다. 처음에는 1시간 참여도 힘들어하며 엎드리는 몇몇 학생을 모른 척했습니다. 한 학생은 둘째 날까지는 열심히 하더니 다음날 아프다며 학교에 결석했습니다. 아마 안 하던 공부를 하려니 너무 힘들었나 봅니다. 다행히 그 학생은 나머지 기간 성실히 공부하여 성적이 많이 올랐습니다. 결국 프로젝트에 참여한 학생들은 모두 성적이 많이 올라서 중간고사를 끝내고 자랑하기에 바빴습니다. 원래 성적이 높았던 학생들도 다수의 과목에서 100점을 받은 것은 물론이고요. 1시간씩 매일 함께 공부하는 습관의 힘이 크다는 걸 다시 한번 깨달았습니다.

학부모들의 불안심리에 기댄 비싼 입시컨설팅을 받는 것, 괜히 다니던 학원을 자꾸 바꾸는 것보다 하루 1시간이라도 함께 공부하는 것이 자기주도적 학습을 할 수 있게 도와주는 첫걸음이 되리라 믿습니다.

(1) 중학교 진로 교육 핵심: 자유학기제

▌ 자유학기 모형도 예시

교시 \ 요일	월	화	수	목	금
1	교과	교과	교과	교과	교과
2					
3					
4					
5	주제 선택	예술 체육A		예술 체육B	동아리
6					
7		창의적 체험활동		진로탐색	

초등학교까지는 한 교시의 수업 시간이 40분이었지만 중학교부터는 45분의 수업이 진행됩니다. 대체로 6교시에서 7교시 사이에 일과가 마무리됩니다. 일반적으로 자유학기인 1학년 1학기에는 정기고사가 없지만 일반 학기에는 중간, 기말 2회씩 정기고사가 있으며 과목에 따라 서술형 평가가 있기도 합니다. 음악, 미술, 체육과 같은 예체능 과목은 필기고사 대신에 수행평가가 100%입니다.

자유학기제는 지식과 경쟁 중심의 학사 운영에서 벗어나 참여형 수업과 진로 적성 활동, 체험활동, 토론 수업을 중심으로 한 교육과정을 이수하게 합니다. 따라서 기본적으로 학생의 소질과 적성 계발에 초점을 맞춰 다양한 체험활동 기반의 교육과정으로 운영됩니다. 자유학기 동안에는 교과 활동과 수업 편성 모두 학생 참여 중심 과정으로 운영하며, 현재는 1개 학기에 진로 탐색, 주제 선택, 예술·체육활동, 동아리의 4개 영역으로 운영됩니다. 하지만 2025년 중학교 1학년부터 자유학기제는 102시간이며(종전 170시간) 기존 4개 영역이 주제 선택 및 진로탐색활동 2개 영역으로 통합됩니다. 또 진로연계학기를 운영하여 중학교 3학년 2학기에 고등학교 교육과정에 이해와 더불어 진로 구체화를 위한 다양한 활동을 합니다. 기존 자유학년제를 중학교 1학년 한 개 학기(학교 자율선택) 및 3학년 2학기로 분화시켰다고 생각하시면 됩니다.

자유학기 시기에 오전에는 교과 수업을 하고, 오후에는 자율 동아리 활동에 참여하여 자신의 진로와 적성을 찾아 계발할 수 있습니다. 오전에 시행되는 교과 수업 역시 교과 지식을 일방적으로 전달하는 것이 아닌 학생 주도적인 참여 수업으로 운영되는 것이 특징입니다. 따라서 토론 및 글쓰기, 발표, 프로젝트 수업 등 활동 중심 학습의 비중이 늘어납니다.

보통 1학년 1학기에 자유학기를 실시합니다. 지역과 학교에 따라 2학기에 실시하는 경우도 물론 있습니다. 2023년부터 중학교 1학년을 대상으로 운영되던 자유학년제가 자유학기제 선택 운영으로 변경되었습니다.

자유학기제 동안 시험을 보지 않지만, 과정 중심의 평가를 합니다. 이 기간 활동들은 학교생활기록부에 내용과 참여 태도가 기록됩니다. 교과 학업성취도를 기반으로 성적을 산출하는 것이 아닌 관찰 평가, 포트폴리오 평가, 수행평가 등 다양한 방식의 평가가 채택되며 따로 등수 및 점수가 산출되지 않습니다. 하지만, 특수목적고등학교나 자립형 고등학교에 진학을 희망할 시에는 참고 자료가 될 수 있습니다. 자유학기 기간에는 학업 부담이 다소 덜 하기에 중학교에 갓 입학한 자녀가 학교생활에 좀 더 쉽게 적응하며 다양한 체험활동을 부담 없이 할 좋은 기회입니다.

(2) 중3 생활과 고등학교 입시

✎ (가) 고등학교 종류 및 진학 시 유의 사항

다양한 고등학교의 종류 및 진학 시 유념해야 할 정보들을 알려드리겠습니다. 고등학교는 일반적으로 전기 학교와 후기 학교로 구분합니다.

전기 학교	후기 학교
특수목적고(과학고, 예술고, 체육고, 마이스터고), 특성화고	특수목적고(외국어고, 국제고), 일반고, 자율형 공립고, 자율형 사립고

고등학교는 기본적으로 이중 지원을 금지하지만, 후기고 중에 일반고를 제외한 한 군데를 지원하고, 합격과 불합격을 알지 못하는 상황에서 일반고 지원이 가능합니다. 전기고에 합격한 학생은 후기고 지원이 불가합니다. 학생들이 주로 지원하는 학교는 일반계 고등학교과 특성화 고등학교인데, 그중에서도 일반계 고등학교에 가장 많이 진학합니다. 일반계 고등학교 진학은 다음 장에서 따로 설명하도록 하겠습니다.

특성화 고등학교는 특정 분야의 직업교육을 제공하는 학교입니다. 예전에 실업계라고 불렸던 학교들을 떠올리시면 됩니다. 특성화 고등학교는 공업계, 상업계, 농업계 등으로 나뉘는데, 해당 분야의 직업교육을 제공하며 학생들은 졸업 후 그 분야에 취업하게 됩니다. 학부모님들이 특성화 고등학교를 꺼리는 경향이 있어 성적이 애매한 경우에도 무리해서 일반계 고등학교를 진학시키려 하십니다. 가르쳤던 학생 중 학업 성적이 뛰어나진 않지만, 심지가 굳고 성실성이 뛰어난 학생이 있었습니다. 그 학생은 특성화 고등학교에 진학해서 학생회 임원을 하고 각종 장학금을 받는 등 학교로부터 전폭적인 지원을 받아 즐겁게 학교에 다녔습니다. 하지만 학생이 학업성취도가 높되, 진로에 대해 뚜렷한 목적이 없다면, 특성화 고등학교 진학 후 방황하는 경우도 있습니다.

특수목적 고등학교는 말 그대로 특정 분야의 인재를 양성하는 학교입니다. 특수목적 고등학교는 과학고등학교, 외국어고등학교, 예술고등학교, 체육고등학교, 국제 고등학교, 마이스터고등학교 등입니다. 특수목적 고등학교는 해당 분야의 특화된 교육과정을 제공하고, 우수한 학생을 선발하기 위해 입학 전형이 엄격한 편입입니다. 특수목적 고등학교는 줄여서 특목고라고 하는데, 중학교 입학한 후에 특목고에 진학을 희망하는 학생은 중학교 1학년부터 담임교사와 상담할 때 말씀드리는 게 좋습니다. 중학교 1학년부터 진학 희망 특목고와 관련한 활동을 하고, 관련 과목 활동도 성실하고 우수하게 하는 것이 중요합니다. 이러한 내용들이 학교생활기록부에 작성되기 때문입니다. 가령 과학고등학교 진학을 희망한다면 1학년부터 수학 과학 과목에 과목별 세부 능력 및 특기 사항에 관련된 사항들이 입력되어야 하고 이는 특목고 면접에 유리하게 작용합니다.

　물론 중3이 되어서 특목고 진학을 결정해도 합격한 사례들은 있습니다. 지도한 학생 중에도 3학년 1학기 중반 무렵에 과학고등학교 진학을 정해서 진학에 성공했었습니다. 다만 아이가 좀 더 빨리 진학 학교를 정한다면 담임교사에게 희망 사항을 밝히는 게 입학 준비하는 데 있어 유리함을 말씀드립니다.

　1학년부터 꾸준히 관련된 활동을 해오는 것이 유리하긴 하지만, 이런 활동을 부모가 강요해서는 안 됩니다. 부모는 어디까지나 조언자 역할을 해야 합니다. 진학을 위한 수단으로 학생회 활동을 하는 아이들은 금방 티가 납니다. 반장 부반장이나 학생회 임원은 많은 희생과 리더십을 요구하는 자리입니다. 그런데 봉사심 없이 진학을 위해서 또는 학교생활기록부 기록을 위해 학생회 임원을 한다면 본인이 먼저 금방 지치게 될뿐더러 학급 학생들과 교사와 관계만 악화되어 안 하느니만 못한 결과를 낳기도 합니다.

　대부분 특수목적고등학교 및 외국어고, 자율형 사립고에는 자기주도 학습 입학 전형이 있습니다. 자기주도 학습전형의 전형 방법은 입학담당관과 입학 전형 위원으로 구성된 당해 고등학교 입학 전형위원회에서 서류평가와 면접을 활용하여 심사하고, 학교생활기록부, 자기소개서 등을 전형 요소로 하여 학생의 자기주도적 학습 능력 중심으로 측정하되, 중학교 인성교육을 촉진하기 위하여 핵심 인성 요소를 포함합니다.

즉 자기주도 학습전형은 학습 능력뿐만 아니라 학생의 인성과 관련된 부분도 확인합니다. 학생의 이타성과 공동체 의식, 문제상황이 닥쳤을 때 해결하는 방법과 역량을 살펴봅니다. 그러므로 자기소개서를 쓸 때 공동체를 위해서 헌신한 내용들과 문제상황이 생겼을 때 해결한 과정들을 쓰면 도움이 됩니다. 특목고에 진학을 희망하는 학생들은 대체로 이러한 과정을 잘 서술하는 편입니다. 그런데 간혹 정말 성실하고 학급을 위해서 숱한 봉사를 한 학생인데 자기소개서에 잘 풀어내지 못하는 경우가 있습니다. 이럴 땐 담임교사나 진로교사에게 자기소개서를 한 번씩 봐달라고 부탁드리면 됩니다. 교사들은 자소서를 읽어본 뒤 어떠한 내용을 추가하라고 조언합니다.

특목고 중 국제 고등학교는 외국어 교육을 강화하여, 글로벌 인재를 양성하기 위해 설립된 학교입니다. 보통 영어로 수업을 진행하고, 다양한 국제 교류 프로그램을 운영합니다.

마이스터고등학교는 특정 분야의 고급 기술 인력을 양성하는 학교입니다. 마이스터고등학교는 공업계, 전자업계, 자동차 업계, 기계, 조선 등으로 나뉩니다. 학생들은 졸업 후 해당 분야의 기업과 협약이 되어 있으며 관련 기업에 취업할 가능성이 높은 것으로 알고 있습니다.

자율형 고등학교는 학교의 자율성을 확대하여 다양한 교육 프로그램을 운영하는 학교입니다. 2002년에 도입된 자율형 사립 고등학교는 일반계 고등학교와 특수목적 고등학교의 장점을 결합한 학교로, 학생의 진로와 적성에 맞는 교육을 제공하려 합니다.

이외에도 영재학교가 있습니다. 영재학교는 우수한 영재를 선발하여,

창의적인 인재를 양성하기 위해 설립된 학교입니다. 고등학교 학력 인정은 되지만 체제가 다르기에 고등학교라고 부르진 않습니다. 입학 전형이 엄격하고, 경쟁률이 높습니다. 현재는 전국에 8개가 있으며 대체로 이공계열 학생들을 위한 학교입니다.

✎ (나) 일반계고등학교 진학 과정 및 선택에 대한 조언

일반계 고등학교는 주로 대학 진학을 목표로 하지만 특정 분야에 국한되지 않고, 다양한 분야의 교육을 제공하는 학교입니다. 예전에는 인문계고등학교라고 불렸습니다. 일반고는 일차적으로 학생 성적으로 입학 가능 인원을 선정한 후에 학생 거주 지역에 따라 배정합니다. 대략적인 일반고 진학의 내신성적 산출 과정과 고등학교 선택 시의 주의점에 대해 말씀드리겠습니다. 대체로 큰 틀은 비슷하겠지만 시기별, 지역별로 다를 수 있음을 미리 말씀드립니다. 자세한 사항은 시도별 고등학교 전형을 살펴보셔야 합니다. 아래 제시한 내용은 2023학년도 울산광역시 고입 전형 내용입니다.

고입 내신성적은 중학교 전 학년에 걸쳐 산출하되, 교과성적과 비교과 성적으로 나누어 반영합니다. 대체로 교과성적 80%, 비교과 성적 20%로 나누어 반영합니다. 비교과 성적은 출석, 봉사활동, 행동발달상황, 창의적체험활동 성적이 있습니다. 코로나19로 인한 팬데믹 이전에는 학교 밖에서 따로 봉사활동을 해야지 봉사 시간이 채워졌는데 요즘에는 학교에 출석 잘하고 성실하게 다니면 대체로 봉사 시간이 채워집니다. 하지만 결석이 잦은 학생이라면 학년이 지나기 전에 반드시 챙겨 봐야 합니다. 교과 성적은 대체로 높은 학년일수록 반영 비율이 높은데 3학년이 50% 이상의 비율을 차지하며 학년이 낮을수록 반영 비율이 낮아집니다.

특성화고의 경우에는 교과 성적이 3학년 2학기 중간고사까지 반영되지만, 일반고는 3학년 2학기 학기 말 성적까지 모두 반영됩니다. 자유학기제 시행 학기의 교과 성적은 고입 전형을 위한 내신성적에 반영하지 않고 비교과 성적만 반영이 됩니다. 일반고의 경우 성적이 매우 낮지 않으면 평준화 지역의 경우 대다수 학생이 진학할 수 있습니다.

사실상 중학교 3학년 학부모들이 가장 관심 두는 부분은 '많은 일반계고등학교 중 어디로 진학해야 우리 아이가 잘 공부하고 성장할 수 있을까?'입니다. 평준화 지역을 기준으로 봤을 때 학교 배정 1차는 성적으로 일반고 진학 인원을 선정한 후에 학생 및 학부모의 선택과 거주 지역 등 다양한 기준으로 결정됩니다. 학생 및 학부모 선택이 우선이긴 하지만 꼭 원하는 곳에 배정되지 않는 경우도 꽤 많습니다. '고입배정시스템'에 의한 배정이라고 해도 나름 고등학교 지원을 할 때 학군 내 고등학교에서 고르고 써넣어야 합니다. 그렇다면 이때 고려해야 할 점은 무엇일까요?

첫째, 집과의 통학 거리를 고려해야 합니다. 일단 학생들에게 집 가까운 곳을 선택하라고 말합니다. 장거리 출퇴근 및 통학 시간이 건강에 미치는 악영향은 여러 연구를 통해 입증된 바 있습니다. '출퇴근 소요 시간과 정신건강과의 관련성' 연구에 따르면 왕복 통근 시간이 30분 이하인 취업자에 비해 60분~120분인 취업자가 1.33배 더 우울감을 느꼈고 불안감은 1.35배, 전신 피로 역시 1.39배 더 느꼈다고 합니다. 출퇴근 시간이 길면 도로에서 여러 유해 물질에 노출되는 시간도 길어지고 스트레스로 몸의 조절 기능이 떨어질 수 있습니다. 결국 학교 및 직장과 집이 가까우면 만족도 증가, 스트레스 감소, 신체 및 정신건강, 가정생활에도 좋습니다. 특별히 고려할 사항이 없다면 집에서 가까운 것이 좋습니다.

둘째, 아이의 성향을 고려해야 합니다. 이 점은 고등학교 생활에 무난히 적응하기 위해 가장 중요한 요소입니다. 과거에는 고등학교를 중도에 그만두는 경우가 거의 드물었습니다. 하지만 최근에는 학교 부적응, 교우관계 문제, 학업에 대한 부담감 등 중도 이탈 사례가 다양해지고 있기에 학생의 성향을 고려하여 고등학교를 선택하는 것이 더욱 중요해지고 있습니다.

남녀공학이냐 아니냐, 남녀공학이라면 합반인가 아닌가, 남고, 여고, 단일, 성별, 학교 등을 포함하여 학교의 전반적인 분위기를 생각해야 합니다. 혼성 그룹을 선호하는 학생이 있기도 하고 동성 학생들 사이에서 편안함을 느끼는 학생도 있습니다. 그리고 중학교 재학 시절 친구관계에서 많은 어려움을 느꼈던 학생이라면 같은 학교 학생들이 선호하지 않는, 다소 먼 곳의 학교를 선택하여 중학교 친구들이 거의 없는 곳으로 가길 원할 수 있습니다.

셋째로 고려할 점은 학교의 교육과정 및 동아리 활동 현황입니다. 고교학점제로 인해 학교의 교육과정이 더욱 중요해지고 있습니다. 혹시 아이가 진학을 희망하는 대학의 학과가 대략 정해졌다면 교육과정을 살펴 봐야 합니다. 즉 교육과정을 살펴볼 때 학생이 지망하는 대학의 학과와 관련된 과목들이 많이 개설되었는지를 확인해야 합니다. 동아리 활동 및 학교 특색 활동도 아이와 함께 알아보는 것도 여러모로 도움이 됩니다.

위에서 제시한 모든 정보를 살펴볼 수 있는 사이트가 있습니다. 바로 '학교알리미' 사이트(www.schoolinfo.go.kr)입니다. 자녀의 고교 내신에 영 향을 주는 요소 중 하나는 시험의 난이도와 재학생의 학업 수준일 것입니 다. 교과별 학업성취 사항에서는 과목별 평균과 표준편차, 성취도 분포 비율을 통해 학교의 시험 난이도와 학생들 수준을 예상해 볼 수 있습니 다. 일반적으로 평균이 높으면서 표준편차가 작다면 학생들 학업 수준이 높다고 예상해 볼 수 있고, 평균은 높지만, 표준편차가 크다면 시험은 상 대적으로 쉬운 편이지만 공부하는 학생과 그렇지 않은 학생들이 섞여 있 다고 예상해 볼 수 있습니다. 반대로 평균은 낮지만, 표준편차가 작다면 시험의 난이도가 높을 가능성이 크고, 평균도 낮고 표준편차도 크다면 전 반적인 학업 수준이 낮을 가능성이 있습니다.

중학교 성적과 고등학교 성적은 같지 않다는 사실을 꼭 기억해야 합니 다. 학교마다 상황은 다르겠지만 중학교는 성취평가제라서 문제 난이도 가 매우 높지 않습니다. 성취평가제는 과목마다, 또는 단원마다 단계별 최소 성취 기준을 설정하고 그에 도달하는 경우 성적을 산출하는 제도(절 대평가)입니다. 성취평가제는 학생들 간에 경쟁이 지나쳐 학업 스트레스 가 과도한 상황을 개선하기 위해 도입되었습니다. 실제 예전 세대의 '성 적 줄 세우기'가 어느 정도 해소되는 효과가 있다고 보입니다. 예전에는 매우 어려운 문제를 내기도 했지만, 이제는 교육과정의 성취 기준을 벗어 난 문제는 지양하는 추세입니다. 중학교 수학 성적이 A였던 학생도 고등 학교 수학 내신에는 4~5등급을 받는 경우가 허다합니다. 중학교 때 성적 표에 A가 많다고 해서 학생이 고등학교에 가서 1등급을 받을 거라는 보 장은 없습니다.

학교알리미의 정보들은 단순히 수치화된 기초 자료임을 명심하세요. 내 아이의 성향과 학업 역량 파악이 가장 우선입니다.

(3) 연간 고등학교 입시 흐름

중학교 3학년 연간 입시 흐름도를 대략 살펴보겠습니다. 학교별, 지역 별, 시기별로 일정이 다를 수 있으니 대략 이러한 흐름으로 입시가 진행 된다는 걸 알고 참고 부탁드립니다.

3월: 희망 고등학교 모집, 학교 상담주간

보통 3월에 담임 선생님이 자기소개서 및 상담을 통해서 진학 희망 학 교를 조사합니다. 또한 3월 말경에 학부모 상담 주간을 통해 학생들을 대 할 때 유의할 사항이나 진학 희망 학교를 물을 수 있습니다. 만일 일반고 진학을 희망한다면 굳이 이 시기에 진학하고 싶은 학교를 밝힐 필요는 없 지만 이외의 특목고나 자율형 사립고, 영재고 등을 희망한다면 반드시 밝 혀야 합니다. 담임 선생님께서 각 교과 선생님께 학생들의 진학 학교와 관련해 필요한 과목 선생님께 학교생활기록부 작성에 협조해 달라는 메시지를 보내실 수도 있기 때문입니다.

최근 들어 상담 주간을 따로 지정하지 않는 학교도 많이 있습니다. 하지만 담임 선생님에게 따로 문자를 보내면 수시로 상담할 수 있으니, 입시나 자녀의 학교생활에 관해 물어볼 사항이 있으면 사전에 상담을 신청하시면 됩니다. 담임교사 이외에 진로진학상담 교사와도 상담할 수 있습니다.

4월–5월: 1학기 중간고사 실시 및 성적 산출

학교마다 다르지만 보통 4월 말에서 5월 초에 중간고사가 실시됩니다. 중간고사 실시 후에 학생의 진학 희망학교에 따라서 상담이 실시될 수도 있습니다. 과학고나 스포츠 고등학교 등의 시행 공고가 5월 말경부터 나기 시작합니다. 영재학교의 경우 5월 무렵에 원서접수가 시작됩니다.

6월–7월: 2학기 기말고사 실시 및 성적 산출

보통 7월 초에 학교마다 기말고사가 실시됩니다. 과목별로 한 학기에 한 번만 기말고사를 실시하는 과목이 있는데, 이런 과목의 경우에는 보통 기말고사에 실시하기 때문에 기말고사는 중간고사에 비해 과목이 더 많은 편입니다.

대부분의 과학고는 8월 말에서 9월 초에 원서접수가 시작되기 때문에 과학고 진학을 희망하면 기말고사 이후에 자기소개서 및 면접 준비를 시작하는 것이 좋습니다.

8월-10월: 여름방학, 과학고 원서접수 및 교부, 1학기 중간고사 실시 및 성적 산출

여름방학이 끝나고 8월 말부터 9월 초까지 과학고 입학 원서 접수가 시작됩니다. 9월 말에서 10월 초쯤에 학교별로 중간고사가 실시됩니다.

11월: 특성화고 원서접수, 기말고사 실시 및 성적 산출

중간고사 성적 산출이 끝나면 특성화고 원서접수가 시작됩니다. 지역별로 다를 수 있겠지만 대체로 비교과는 11월 말, 교과는 12월 초중반에 성적 산출이 끝나야 해서 3학년의 경우는 1, 2학년에 비해 조금 더 빨리 시험을 치게 됩니다. 그래서 11월 말경에 기말고사를 봅니다.

12월: 일반고 및 외국어고, 국제고, 자율형 고교 원서접수

내신 성적 산출이 마무리되고 일반고 및 외국어고, 국제고, 자율형 사립고 등의 원서접수가 시작됩니다. 특목고 및 자율형 고교의 합격 여부를 알 수 없는 상태에서 일반고와 중복지원이 가능합니다.

1월: 일반고 합격자 발표 및 배정, 추가 원서접수

1월 초쯤에 일반고 합격자 발표를 하고 1월 말경에 일반고 배정 발표가 납니다. 앞서 응시한 모든 학교에 진학하지 못한 경우 1월경, 특성화고를 중심으로 추가 접수가 시작됩니다. 진학 희망 학교가 정해진 학생들은 고등학교 준비를 하게 됩니다.

3 중학교: 고교학점제 가정에서 어떻게 준비할까

(1) 전환기 진로 지도: '학교알리미'로 고등학교 생활 맛보기

상급학교 진학을 앞둔 시기를 '전환기'라고 합니다. 학생 진로 개발 과정에서 중요한 시기로, 전환기를 잘 준비하면 상급학교에서 무난히 적응하지만 그렇지 않다면 진학에 따른 학업 스트레스와 새로운 친구 관계에 대한 부담감으로 인해 다양한 부적응 문제가 생깁니다. 그렇기에 전환기 시기는 학부모로서도 가장 긴장이 되는 시기이기도 합니다.

이러한 맥락에서 2022 개정 교육과정에서는 초·중·고 교육과정의 연계를 중시합니다. 이에 따라 중학교 3학년 2학기 학기말 고사가 끝나는 시점부터 '전환기 진로 지도 프로그램'이라고 해서 고등학교 생활에 무난히 적응하기 위한 여러 가지 프로그램을 진행합니다. 이는 고교학점제에 대비한 진로 연계 교육이기도 합니다. 이 시기에 가정에서도 할 수 있는 방법들이 있습니다.

가장 좋은 방법은 이미 고등학교에 들어가서 생활하고 있는 선배들에게 이야기를 듣는 것입니다. 과학고나 외국어고와 같은 특수목적고, 그리고 특성화 고등학교와 자율형 고교 등에 진학한 선배가 '선배와의 대화'와 같은 행사에 초청되어 후배들에게 고등학교 생활에 관해 설명 해주는 시간이 있기도 합니다. '다시 중학교 생활을 한다면 하고 싶은 일'과 '고등학교 생활을 잘하기 위해 중학생이 준비할 것' 등에 대해 이야기 나눕니다. 재학생들이 고등학교 생활에 관한 질문, 중학교 생활을 하면서 즐거웠던 점, 아쉬운 점들을 질문하면 졸업생들은 가감 없이 답변해 줍니다. 졸업생들을 초청하는 시간을 갖는 이유는, 교사가 백번 이야기하는 것보다 최근에 중·고등학교 생활을 경험한 선배들의 이야기 한 번이 더욱 의미 있게 다가오기 때문입니다.

학교에 이런 행사가 없다면 손위 형제 중 상급학교에 진학한 자녀가 동생에게 이야기하게 하면 됩니다. 또 이웃 지인의 자녀 중에 고등학생이 있다면 따로 자리를 마련하면 좋겠지요. 하지만 형제가 적고 이웃 간의 교류가 뜸한 요즘에는 이렇게 지인들을 만들기가 쉽지 않습니다.

그래서 '선배와의 대화'에서 얻을 수 있는 고등학교 생활 정보를 얻을 수 있는 사이트가 있습니다. 바로 앞에서 언급한 '학교알리미'입니다. 학교알리미로 알 수 있는 것들은 정말 다양하게 있습니다. 교육과정 이외에도 학업성취도와 학생 수, 남녀 성비, 학급수, 학교 운영 특색 사업, 졸업생 진로 현황과 동아리 활동 현황 등이 있습니다.

가장 유의 깊게 살펴보아야 할 점은 진학할 학교 교육과정입니다. 자녀의 진로 희망과 관련된 과목 개설 여부를 살펴보는 의미도 있지만, 고등학교에 진학하면 어떤 과목을 어느 학년에 공부하는지 대략 파악하며 고교학점제에 대비해 선택할 과목을 고민하는 시간을 가질 수도 있기에 아주 의미 있는 시간입니다.

교육과정을 살펴보는 방법은 학교알리미 사이트에 접속하여 진학하길 희망하는 고등학교 이름을 입력한 후에 '학교교육과정 편성·운영 및 평가에 관한 사항'을 검색합니다. 이 중 '신입생 3개년 교육과정 편제표' 또는 '전 학년 교육과정편제표'를 찾아 정리합니다. (활동지 참조) 그냥 학교알리미 사이트만 컴퓨터상으로 살펴봐도 상관없지만 고등학교에서 어떤 과목이 다루어지는지, 해당하는 과목에 몇 학년에 공부하게 될 것인지 알기 위해 따로 정리하는 작업을 하면 좋습니다.

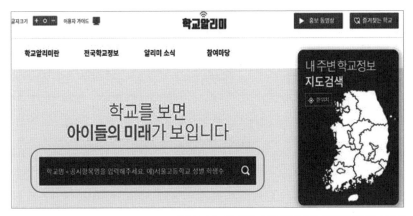

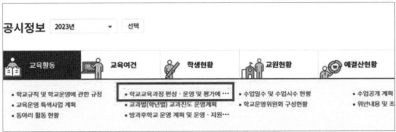

| 학교알리미 사이트(www.schoolinfo.go.kr) 접속–○○고등학교(교명) 입력 후 검색–공시 정보–학교육과정 편성 운영

교육과정 탐색 예시
활동지

▍ 내가 지망하는 학교: [   ]고등학교 교육과정

1. 교육과정

@ 기초영역(국어/수학/영어/한국사) :

1학년:

2학년:

3학년:

@ 탐구영역(사회/과학)

1학년:

2학년:

3학년:

@ 체육·예술 영역(체육/예술)

1학년:

2학년:

3학년:

@ 생활·교양 영역(기술·가정/제2외국어/한문/교양)

1학년:

2학년:

3학년:

2. 교육운영 특색사업 또는 동아리 활동 현황

– 교육운영 특색사업:

– 관심 가는 동아리:

3. 학교생활 전반

과목을 좀 더 세분화하면 고교 1학년 과정인 공통과목과 2학년, 3학년 과정인 일반 선택 과목, 진로 선택 과목, 융합 선택 과목으로 나눌 수 있지만 중학생 단계에서는 일단 다음과 같이 간략하게 정리하는 것이 고등학교 교육과정을 파악하는데 더 쉽습니다.

1. 교육과정

@ 기초영역(국어/수학/영어/한국사)

1학년: 국어, 수학, 영어, 한국사

2학년: 문학, 독서, 고전문학감상, 영어I, 영어II, 영어권문화, 실용영어, 수학I, 수학II, 확률과 통계, 기하

3학년: 화법과 작문, 언어와 매체, 영어독해와 작문, 심화영어, 영미문학읽기, 미적분, 수학과제탐구, 심화수학, 경제수학

@ 탐구영역(사회/과학)

1학년: 통합사회, 통합과학, 과학탐구실험

2학년: 한국지리, 세계사, 윤리와 사상, 사회문화/물리학I, 화학I, 생명과학I, 지구과학I

3학년: 생활과 윤리, 정치와 법, 동아시아사, 세계지리/물리학II, 화학II, 생명과학II, 지구과학II

@ 체육·예술 영역(체육/예술)

1학년: 체육, 음악, 미술

2학년: 운동과 건강, 음악연주, 미술창작

3학년: 스포츠 생활

1학년: 기술 · 가정, 진로와 직업

2학년: 일본어I, 중국어I

3학년: 일본문화, 중국문화, 일본어II, 중국어II, 생활과 한문, 인공지능 기초

2. 교육운영 특색사업 또는 동아리 활동 현황

– 교육운영 특색사업:

탄소 중립과 관련된 환경 봉사, 토론 활동, 지역 문화 체험 활동

– 관심 가는 동아리:

바이오 동아리, 역사 동아리, 봉사 동아리

3. 학교생활 전반

두발 자유화

핸드폰은 수거함

학교에 잔디밭이 있음

(2) 거시적인 진로 역량 키우기

학생들뿐만 아니라 많은 학부모님도 고교학점제와 관련해 많은 불안과 오해를 갖고 계십니다. 특히 진로를 미리 정하지 않으면 나중에 입시

에서 불이익을 받을 수 있다고 생각합니다. 교실에는 다양한 진로를 꿈꾸는 학생들이 있습니다. 서로에게 역동적으로 영향을 주면서 서로 변화와 발전을 촉진합니다. 오늘 꿈꾸었던 진로가 내일 바뀔 수 있습니다. 진로에 대한 고민은 평생 지속됩니다.

고교학점제는 수능 점수 발표 이후로 유예했던 학생들의 진로 탐색을 미리 하는 과정입니다. 어차피 평생 하는 진로 고민을 더 일찍, 효율적으로 하는 것이지요. 예전처럼 수능 점수에 맞춰 별 고민 없이 대학에 진학하면 돈, 시간, 에너지를 낭비하기 십상입니다.

매해 학급 아이들을 관찰하면 진로 희망이 뚜렷하며 1년 내내 변함없는 학생은 20%도 안 됩니다. 대부분 자신이 좋아하는 것과 잘하는 것을 모르겠다고 말합니다. 앞의 '초등학교 시기 고교학점제 대비하기' 부분에서 제시된 '자기 이해'를 초등학교에서부터 가정과 학교에서 열심히 하면 좋겠지요. 하지만 중학교는 내신성적이 나올뿐더러 '자기 이해'가 한 번에 이뤄지는 것이 아니므로 중학생들은 초등학생들보다 진로 고민을 더 많이 하고 때론 급격하게 진로 설계에 변화가 이뤄집니다.

매우 성실하고 모범적인 학생들도 홀랜드 직업 흥미검사[7]를 했을 때 두루뭉술한 결과가 나와서 고민하기도 합니다. 이때 학생들에게 이렇게 말하곤 합니다.

---

7   진로 결정을 위한 직업을 탐색하기 위해 1959년에 미국의 심리학자 홀랜드(Holland)가 개발한 검사로, 대상은 중학생부터 대학생까지입니다. 이 검사는 160개의 직업명을 제시하고 그에 대한 흥미 또는 관심의 유무에 응답하도록 하는데, 결과는 현실적 · 연구적 · 사회적 · 습관적 · 기업적 · 예술적 영역의 6종류 흥미 영역과 자기통제, 남성/여성 경향, 지위 지향, 드문 반응, 순종 반응의 5종류 경향 척도에 대한 개인의 특성을 측정합니다.

"지금 꿈꾸고 있는 게 있다면 그것을 실현하기 위해 노력했으면 좋겠다. 그리고 또 다른 꿈이 생기면 다시 그 꿈을 위해 노력하면 된다. 너희들이 꿈을 위해 노력했던 모든 경험은 너희들의 삶에 큰 재산이 될 것이다."

우리의 삶은 아무 대가 없이 그냥 좋아서 했던 경험들이 축적되어 한 걸음 더 나아가는 겁니다. 오늘 열심히 살았던 시간이 먼 훗날 보았을 때 꿈꾸던 미래를 만드는 경험이었다는 걸 알게 됩니다. 삶은 여행과 같다는 말이 있습니다. 여행하면 우연한 만남과 상황에 부닥치게 되는데, 이때 처음 목표한 것 외에 다른 것들을 경험할 수 있습니다. 로스쿨을 나와 변호사를 하다가 셰프가 되는 사람도 있고 카이스트를 나와 아나운서가 되는 사람도 있습니다. 스티브 잡스의 2005년 스탠퍼드 대학교 졸업 연설에도 이런 내용이 잘 나타나 있습니다.

사실 이것이 제 인생에 실제로 어떤 도움이 될지는 상상도 못 했습니다. 그러나 10년 후, 우리가 매킨토시 컴퓨터를 처음 구상할 때 그때 경험들이 떠올랐죠. 우리는 맥 안에 이 모든 것을 디자인해 넣었습니다. 맥은 아름다운 타이포그래피를 지원하는 첫 번째 컴퓨터가 되었죠.
달리 말하자면 지금 여러분은 미래를 알 수 없을 겁니다. 다만 현재와 과거의 사건들은 연관시켜 볼 수 있겠지요. 그러므로 현재의 순간들은 미래에 어떤 식으로든 연결된다는 걸 알았으면 좋겠습니다.

오늘 우리가 찍은 점들이 모여 '미래의 나'를 만듭니다. 대학생이 되어서도 우리 아이들은 진로를 찾기 위해 많은 노력을 할 것입니다. 이러한 노력의 과정에서 필요한 잠재력과 태도를 '진로 역량'이라고 할 수 있습니다. '진로 역량'이란 자신의 진로를 탐색하는 과정에서 이루어진 활동이나 경험 그리고 노력과 그 안에 내재한 잠재력의 총체입니다.

이제 대학에서도 학생의 협업 능력이나 창의성, 문제해결 능력을 진로 역량의 요소로 보고 평가합니다. 수시 학생부종합전형은 이러한 기조로 학생을 평가하여 선발하고 있습니다. 학생이 학업에 충실했다면 설령 진로가 중간에 바뀌더라도 학생이 이를 위해 노력한 모든 움직임에 의미가 부여됩니다.

진로역량을 키우기 위한 몇 가지 방법을 제시하고자 합니다.

✎ (가) 체력 키우기

학교 현장에 있다 보면 학생들의 학업 성적이나 수업 참여도, 학교 적응에 체력이 끼치는 영향이 크다는 걸 느낍니다. '초등학생의 체력수준 및 비만도와 학업성취도의 관계 분석'연구에 따르면 5학년은 심폐지구력, 유연성, 순발력, 비만지수, PAPS 총점 및 건강점수와 국어, 영어, 수학, 사회, 과학 및 총점수가 통계적으로 유의한 상관관계가 있는 것으로 나타났고, 6학년은 심폐체력, 근력·근지구력, 순발력, PAPS 총점 및 건강점수가 국어, 영어, 수학, 사회, 과학 및 총점수가 통계적으로 유의한 상관관계가 있는 것으로 나타났다고 합니다. 5학년 학생 중 체력 수준이 가장 높은 학생은 가장 낮은 학생과 비교하였을 때, 영어, 수학점수와 총점이 통계적으로 유의하게 높았습니다.

결론적으로 규칙적인 운동 참여를 통해 증진된 체력이 학업성취 능력과 유의한 상관관계가 있는 것으로 나타났다고 합니다. 고등학교에서는 1학년, 2학년 때까지 매우 우수한 성적을 가졌던 여학생들이 3학년이 되어 성적이 떨어지는 현상이 종종 발견됩니다. 꽤 많은 여학생이 학년이 올라갈수록 성적이 떨어져서, 꿈꾸던 최상위권 대학에 가지 못하는 걸 보았습니다. 이유를 나름 분석한 결과, 여학생들이 수험생활 마지막까지 달려 나갈 체력이 부족하다는 결론을 내렸습니다.

대학 진학 혹은 취업하기까지의 여정은 100m 달리기가 아닌 마라톤에 비유할 수 있습니다. 지구력이 필요하며 이를 위해 강한 체력이 요구됩니다. 여학생들은 남학생들보다 운동량이 절대적으로 부족합니다. 점심이나 저녁 먹고 산책을 꼭 하라고 권유하고, 체육 시간에라도 열심히 참여할 것을 강조합니다. 여학생들은 유독 다이어트를 많이 해서 급식을 거르는 경우가 있는데, 걱정스럽습니다. 그래서 급식을 먹지 않는 경우 꼭 담임에게 말하게끔 하고 상담을 한 뒤 급식을 먹을 수 있게 유도했습니다. 이렇게 해야지만 3학년까지 버틸 힘이 생깁니다.

가정에서도 마찬가지입니다. 잘 먹고, 잘 쉬고, 종종 운동할 기회를 주어야 합니다. 사실상 중·고등학교 때에 새로운 운동을 시도하기란 쉽지 않습니다. 그래서 학생들에게 가벼운 산책을 많이 추천합니다. 우리 반 학생들에게 점심을 먹고 운동장을 한두 바퀴씩 돌라고 권유하고 꾸준히 하는 학생들에게는 때로 사비로 간식 등을 사서 보상으로 주면서 격려합니다.

간혹 학부모님 중에는 아이가 학원에 가느라 운동 시간을 갖기 힘들다고 하시는 분들도 계십니다. 많은 학생이 하교 후 집에 잠시 들렀다가 10시가 훌쩍 넘는 시간까지 학원에 있습니다. 하지만 학원 시간은 조정 가능하고 일주일에 한 번 정도는 학원을 빨리 끝내고 올 수 있습니다. 의식적으로 학원 시간을 조절해서 자녀와 함께 운동하거나 산책이라도 하는 시간을 확보해야 합니다.

음식도 마찬가지입니다. 요즘 아이들에게 저녁을 어떻게 해결하냐고 물어보면 주로 배달 음식을 시키는 경우가 많습니다. 부모님 모두 일하시는 경우가 대부분이기 때문입니다. 배달 음식이라도 인스턴트가 아닌 경우는 그나마 낫습니다. 학원에 가기 전에 편의점에서 대충 먹은 뒤, 10시 넘어 집에 가서 야식을 먹는다고 합니다. 필자 역시 늘 피곤한 워킹맘이라 아이에게 한 끼 한 끼 챙기는 게 굉장히 어렵다는 것을 충분히 압니다. 하지만 아이들의 청소년기는 고작 6~7년이고, 이 시기에 먹는 양은 남학생, 여학생 할 것 없이 엄청납니다.

바쁜 일상이지만 요즘은 괜찮은 반찬가게도 많습니다. 반찬을 사 두면 중학생 정도 되면 챙겨 먹을 수 있습니다. 그리고 아침에 사과 한 개씩 깎아 주는 것은 어떨까요? 별것 아닌 거 같지만, 이것 하나로 우리는 아침마다 사과 깎아주던 엄마 또는 아빠가 될 수 있습니다.

건강한 신체는 우리가 물려줄 수 있는 가장 큰 유산입니다. 아주 조금씩 매일 노력하다 보면 당장 시험 성적보다 장기적인 관점에서 학업성취도 향상에 도움을 줄 수 있습니다.

✎ (나) 내 아이 성향 파악: MBTI로 탐색하기

MBTI 성격검사가 한 사람의 모든 것을 설명해 주진 않지만, 개인적으로는 몇 번의 검사에서 일관성이 있는 검사 결과를 유지하고 있기에 신뢰하는 편입니다. 반 아이들의 성향을 파악할 때도 이 검사를 활용하기도 합니다. 학급 친교 활동에 MBTI로 모둠활동을 하면 학생들이 서로 성향을 파악하는 데에도 도움이 됩니다.

부모는 아이를 가장 가까이에서 보는 사람이긴 하지만, 그 사랑이 너무나도 크기에 아이를 객관적으로 파악하지 못하기도 합니다. 전문적으로는 'U&I 성격유형검사'라던가 '홀랜드 직업흥미검사'가 있는데 이런 검사들도 큰 도움이 됩니다만 조금 더 간단히 MBTI 성격유형을 아이에게 물어봐서 그와 관련된 자료를 찾아보면 아이를 이해하는 데에 도움이 됩니다. 아이와 함께 아이의 유형에 대해 찾아보면 더 좋습니다. 온라인상에 있는 MBTI 간이 검사를 통해 부모의 성격유형도 파악하고 아이와 함께 그 특성을 파악하면 역으로 자녀가 부모를 이해하는 데에도 도움이 됩니다. 요즘은 전문 기관에서 MBTI 가족 검사를 하여 더 신뢰성 있는 결과를 받아보실 수 있습니다.

자녀의 MBTI 유형에 따른 지도 방법을 알려드리도록 하겠습니다.

● 내 아이의 MBTI 유형별 지도 팁

:: E(외향) 성향의 아이 vs I(내향) 성향의 아이

E형의 아이들은 대체로 인간관계 및 외부 활동을 통해서 에너지를 얻고, I형 아이들은 내부에서 에너지를 얻기에 혼자서 조용히 생각을 정리하는 시간이 필요합니다. 따라서 E형 아이들은 에너지를 발산할 수 있는 다양한 외부 활동을 장려하도록 하고 I형 아이들은 가만히 있거나 혼자 있는 시간을 다그치지 않고 존중할 필요가 있습니다.

:: S(감각) 성향의 아이 vs N(직관) 성향의 아이

S형의 아이에게는 규칙을 설명할 때 명확하고 간단하게 설명해 주는 것이 필요합니다. 이렇게 해야 하는 이유를 구구절절 설명하는 것이 불필요할 수 있습니다. 때에 따라서 외적인 보상이 잘 통할 수도 있습니다. 반면 N형 아이에게는 규칙의 이유, 그리고 공부하는 목적을 이해하도록 자주 대화하는 것이 필요합니다. 이 유형의 아이는 내적 동기에 의해서 움직이는 경우가 많습니다.

:: T(사고)성향의 아이 vs F(감정)성향의 아이

T형 아이들은 현실적이고 분석적이기에 사실관계가 명확한 주제에 대해 칭찬하는 것이 필요합니다. 반면 F형 자녀는 공감을 원합니다. 아이의 감정을 있는 그대로 받아들여 주는 마음으로 아이의 마음을 읽어주면서 존재 자체에 대한 칭찬을 원합니다.

:: J(판단)성향의 아이 vs P(인식)성향의 아이

J형 아이들은 기본적으로 목표를 달성하기 위한 인내심과 방향감각도 있어서 계획이나 학습 목표를 정하는 것까지만 도와주는 것이 좋습니다. 그리고 성실하고 믿음직스러운 모습을 칭찬합니다. 반면 P형 아이들은 '완벽함'보다는, '적당함'을 추구하는 경향이 있습니다. 따라서 P형 아이들이 힘들어하는 완벽한 모습을 강요하기보다는 꼭 해야 하는 중요한 문제에 대해서만 '어느 정도의 수준까지' 할 것을 구체적으로 안내할 필요가 있습니다.

한국MBTI심리연구소
-MBTI 정식검사무료

✎ (다) 사춘기 자녀에게 적당한 관심: 적절한 대화 기술

① 문제행동을 보일 경우

내 아이를 위한 적당한 관심은 어느 정도인 게 좋을까요? 정답은 없습니다. 아이마다 다르고 부모의 상황에 따라서도 다르기 때문입니다. 학교에서 모범적이며 친구들과 잘 어울리는 학생의 부모님과 통화하다 보면 대다수가 "아이가 학교에서라도 잘해서 다행이에요. 집에 오면 문 쾅 닫고 들어가서 말도 안 해요"라고 말씀하십니다. 가정에서 부모님과 약간의 갈등이 있더라도 학교에서 큰 문제가 없으면 아이에 대한 걱정은 대체로 하지 않아도 무방합니다. 시간이 지나면 해결되는 갈등이 대부분입니다.

다만 가정에서는 물론이고 학교에서도 교우관계나 학업 성적, 태도, 규칙 준수 등의 문제가 발생하고 있다면 주의를 기울이셔야 합니다. 정도에 따라서 학생들의 체계적인 심리·정서적 지원을 돕는 상담기관인 Wee 센터나 다른 전문 기관에 맡기는 것이 필요한 경우도 있지만, 담임교사와의 상담을 통해서 가정에서 해결할 수 있는 경우가 대부분입니다. 사실 속도가 더딜 뿐이지 학생들의 대부분 문제행동은 적극적인 관심과 아이에 대한 이해, 그리고 기다림만으로 해결됩니다. 담임교사를 신뢰하면서 학교와 가정에서 유기적으로 문제를 해결해야 합니다.

가장 중요한 것은 내 아이를 믿는 것입니다. 지금 당장은 문제행동을 보이지만 언젠가는 나아질 것이라는 믿음. 그리고 이 믿음을 반드시 표현할 필요가 있습니다. 늘 보이던 문제행동을 보일 경우, 아이에게 "네가 이러이러한 행동을 보인 것은 문제가 된다. 이런 행동을 했을 때는 다른 친구나 선생님들에게 피해를 줄 수 있어. 그래서 앞으로 하지 않았으면 좋겠다"라고 반드시 말해줘야 합니다. 사춘기 아이들이 다 아는 것 같지만 정말 몰라서 실천하지 않는 것들도 많습니다. 아니면 알더라도 잘 잊어버립니다.

중요하고 꼭 지켜야 할 규칙을 최소화해서 반복적이되 잔소리처럼 들리지 않게 말해줘야 합니다. 남학생들의 경우, '정말 이런 것까지 말해줘야 한다고?'라고 생각되는 것도 말해줘야 합니다. 그리고 남학생일수록 절대 길게 말하면 안 됩니다. 반복적으로 말해 주되, 단호하고 짧게 말해야 합니다. 이게 힘들면 집안 어딘가에 자녀가 주지해야 할 사항을 써 붙여 두는 것도 좋은 방법입니다.

② 애정 표현하기

그리고 매일 표현해 줘야 하는 것이 있습니다. 부모인 나는 너를 믿는다는 것, 그리고 사랑한다는 것을 표현해 줘야 합니다. 청소년기인 우리 아이들은 독립성과 의존성이 동시에 존재하기에 부모가 자녀에게 관심이 있음을 표현해 줘야 합니다. 당연히 알겠지 싶지만 아이들은 의외로 표현하지 않으면 부모의 사랑을 느끼지 못한다고 말합니다. 그리고 표현하지 않으면 내가 나의 아이를 목숨보다 사랑한다는 것을 나조차도 잊을 수 있습니다. 따라서 매일 아침 또는 저녁에 하루 한 번씩 꼭 표현해 주세요. "엄마(또는 아빠)는 너를 사랑해. 그리고 네가 잘 성장할 것이란 것을 믿어"라고 말해줍니다.

이런 부모님의 말씀이 익숙하지 않은 아이의 경우 부모가 애정 표현을 하면 짜증이나 화를 내기도 합니다. 이런 경우 하루 이틀 정도 쉬었다가 문장을 약간 바꿔서 다시 말하면 됩니다. 꾸준히 애정 표현을 하면 몇 달이 지난 후에, 아이가 부모에게 사랑한다고 말하는 놀라운 일이 벌어집니다. 부모가 꾸준히 애정 표현을 하고 올바른 행동이 무엇인지 알려준다면 아이는 문제행동을 하더라도 '이러면 안 되는데'라고 생각하고 언젠가는 제자리로 돌아옵니다. 아직 어리기 때문에 문제행동을 반드시 또 합니다. 그래도 포기하지 말고 올바른 행동이 무엇인지 말해주고, 애정 표현을 하다보면 언젠가는 부모의 기대에 부응하는 날이 옵니다.

③ 학업에 관한 이야기를 나눌 때

내 아이의 공부에 관한 관심은 어느 정도가 적당할까요? 이것 역시 정답이 없습니다. 아이의 수준과 성향에 따라 다르다고 할 수 있습니다. 어떤 학생들은 부모님의 많은 관심과 압박이 버겁지만, 잘 받아들입니다. 어떤 학생들은 정말 최소한인 것조차 하지 않으려는 경우도 있지요.

필자는 지역에서 학군이 가장 좋은 곳이라고 알려진 학교에서 재직한 적이 있습니다. 전임지에서는 선생님이 교실에 들어가고 최소 5분은 학생들을 앉히고 수업 시간 집중시키는 데에 소비했는데, 그 학교는 그럴 필요가 없었습니다. 수업 종이 울리고 교실에 들어가면 모든 아이가 이미 앉아있는 것이 놀라웠습니다. 하지만 이 학교 학생들은 학업 스트레스가 많은 편이었습니다. 대다수 학생이 고등학교 공부 선행을 하고 있었고 굉장히 비싼 학원에 다니는 학생들도 많았습니다. 그리고 번아웃Burnout이 와서 아예 공부를 놓고 심리치료를 받는 학생들이 종종 있다는 것도 알게 되었습니다.

무리한 계획과 관심을 받아들이는 게 가능한, 소위 말하는 엄친아와 엄친딸은 '내 아이'가 아닐 가능성이 큽니다. 엄친아, 엄친딸은 극소수입니다. 물론 부모로서 아이의 역량을 키우기 위해 이것저것 시도하고 노력하는 것은 중요합니다. 하지만 시도하고 노력했을 때 잘 맞지 않으면 멈출 줄도 알아야 합니다. 부모인 우리도 누군가가 나를 있는 그대로 받아 들여주길 기대하지 않을까요?

나 이상으로 사랑하는 내 아이에게도 이런 아량과 여유를 베풀었으면 합니다. 덜렁대는 성격의 아이라면 준비물을 미리 챙길 방법이 뭔지를 같이 이야기해 봅니다. 이런 경우 부모가 미리 대안을 생각해서 이야기를 시작하는 것이 좋습니다. 아이도 어떻게 해야 할지 모르는 경우가 많기 때문입니다. 공부량이 버겁다고 호소하는 아이라면, 상황에 맞게 조금 조정해 줍니다. 이런 방법을 통해서 부모와 아이의 관계가 더 좋아지고 아이가 자신을 존중하는 마음을 가지면서 성장합니다.

✎— (라) 가족문화 만들기

고교학점제를 준비하는 데 뜬금없이 가족문화가 웬 말이냐고 할 수 있습니다. 가족문화는 가족들이 주로 하는 어떤 행위나 활동입니다. 예를 들면 독서토론, 주말마다 영화 보기, 매달 여행 가기 또는 캠핑가기, 봉사활동하기, 아무리 바빠도 아침 또는 저녁은 모든 가족이 둘러앉아 식사하기, 자기 전 20분 독서하기, 일주일에 두세 번은 아이스크림을 먹으며 저녁 산책하기, 주말마다 등산 또는 운동하기 등입니다. 가족문화의 형태는 다양할 수 있습니다. 또 맞벌이, 한부모가정, 조부모와 함께 사는 가정,

다둥이 가정 등 다양한 가정의 모습에 따라 특징이 달라질 수 있습니다.

아이가 어릴수록, 그리고 사춘기 초입의 중학생이라도 특정한 가족의 문화가 없다면 지금부터라도 하나 만들어 두면 사춘기의 고비를 넘기가 조금 쉬워집니다. 가족문화가 형성되었을 때 좋은 점은 다음과 같습니다.

첫째, 아이와 대화가 단절되는 사춘기 시기에 이 가족문화는 힘을 발휘합니다. 매해 학급에서 부모님과 매일 이야기하는 학생 비율을 조사해 보면 10~20% 정도 됩니다. 중학생 정도만 되어도 집에서 부모님과 이런 저런 얘기를 나누는 게 흔한 일은 아닙니다. 그나마 여학생들은 나은 편입니다. 남학생 자녀를 둔 부모님들은 담임교사와의 통화를 통해서만 아들의 학교생활이 어떤지 가늠하는 경우가 대부분입니다.

이런 때에 아이가 어릴 때부터 지켜온 가족문화가 있다면 대화의 물꼬를 트는 게 쉬워집니다. 주말에 아이가 PC방에 가려다가도 매달 갔던 여행이나 캠핑하러 가자고 하면 투덜대더라도 늘 해왔던 것이니 따라갈 것입니다. 같이 책을 읽고 대화했던 경험이 있었으면 함께 책을 읽으면서 대화를 이어갈 수도 있습니다. 저녁 산책하기가 가족문화라면 산책하면서 아이의 남모를 고민을 들을 수 있습니다. 주말마다 과자를 먹으며 영화를 보던 가족이라면 아이도 그 시간을 통해 학교생활 스트레스를 풀수 있습니다.

둘째, 진로 결정에 있어 꾸준히 했던 활동들이 영향을 끼칠 수 있습니다. 한 사람이 진로를 설계할 때 가풍이라든가, 가족문화, 부모님의 영향 등도 무시할 수 없고요. 필자의 어머니는 저희 자매가 어릴 때부터 무료 급식소 봉사활동에 자식들을 데리고 가셨습니다. 필자는 그다지 즐겁지 않았습니다. 어린아이가 그곳에서 할 수 있는 것들이 분명하지 않았고 열심히 한다고 했는데 자잘한 실수를 해서 무료 급식소의 수녀님에게 혼나기 일쑤였습니다. 반면 동생은 그곳에서 굉장히 의욕적으로 봉사하였습니다. 시간이 흐르자, 어머니는 봉사에 별 소질이 없었던 필자는 집에 두고 동생만 데리고 다니기 시작하셨습니다. 그 결과 동생은 고등학교 때에 몇백 시간의 봉사 시간을 누적하여 교육부 장관상을 받았고 급기야 대학의 사회복지 계열로 진학하여 현재 복지관 팀장으로 일하고 있습니다.

가족문화를 만들 때 유의할 점이 있습니다.

첫째, 가족문화는 가족들 간에 합의가 이루어져야 합니다. 아이들이 어리면 엄마 또는 아빠가 무서워 억지로 뭐든 하겠지만, 아이들이 클수록 아이들의 의견을 반영할 수 있어야 합니다. 그래야지 꾸준히 할 수 있습니다. 가족문화는 가족들과의 소통과 화목이 주된 목적이기 때문입니다.

사춘기 아이가 제시한 가족문화가 '주말에 함께 게임하기'라도 일단 함께 해봅시다. 오히려 게임을 방구석에서 혼자 하는 게 아니라 가족과 같이 해준다는 것에 감사해야 합니다. 이러면서 대화의 물꼬를 트는 것입니다. 게임용어도 물어보고 어떻게 하면 레벨 업을 시킬 수 있는지도 묻습니다. 자신의 관심사에 부모가 관심을 보이면 그 분야에서 전문가인 아이는 신나서 대답합니다. 이렇게 시작한 후에 부모가 원하는 것을 은근슬쩍 끼워 넣는 것도 하나의 방법입니다. 물론 절대 강요하지 않는 범위 내에서 말입니다.

둘째, 가족문화는 즐거워야 합니다. 저녁 독서가 가족문화 중 하나라면 일주일에 한 번은 치킨을 먹거나 과자를 먹으면서 하면 좋습니다. 매일 이벤트를 한다면 무리이고 부작용이 있을 테지만 간헐적으로 한다면 가족과 함께하는 시간이 즐겁게 느껴질 것입니다.

앞서 말했듯이 저녁 가족 독서를 할 때 띄엄띄엄 간식을 먹는 것도 가족문화에 대해 좋은 기억을 남기는 방법입니다. 주말에 함께 영화를 보는 가족문화가 있다면 팝콘을 주거나, 매번 간식을 먹는 것이 부담스럽다면 적어도 아이가 선택한 영화를 보는 것이 이 시간을 즐겁게 만들 것입니다. 그리고 이 가족문화를 유지한 것이 며칠째인지 달력에 체크하는 것도 게임의 레벨 업과 같은 느낌을 줄 수 있습니다.

캠핑이나 여행도 마찬가지로 즐거워야 합니다. 사춘기 아이에게 캠핑하러 가자 할 때 학습지나 학원 숙제를 가져가게 해서는 안 됩니다. 물론 아이와 합의가 된 경우라면 무방하지만 아이가 숙제나 학습지를 싫어하는데 굳이 여행 가서 하라고 한다면 아이는 집에서 빨리 끝내고 게임이나 하는 게 더 낫겠다고 생각할 수도 있습니다. 가족문화는 지속 가능한 한도 내에서 즐겁게 만들어 줍니다.

셋째, 엄마나 아빠가 흥미 있고 가능한 것을 합니다. 그래야지만 꾸준히 할 수 있습니다. 엄마 아빠는 책 읽기에 취미가 없고, 봉사활동에 흥미가 없는데 아이들을 위해서 한다면 꾸준히 하기 힘듭니다. 개인적으로는 여행을 가족문화로 만들고 싶었습니다. 그런데 남편도 여행을 가본 경험이 많지 않았고 필자는 아이들을 낳고 키우면서 육체적으로 지치고 여러 가지 아픈 곳도 많이 생겨서 자주 여행 가기가 힘들었습니다. 직장 생활을 하면서 한 달에 한 번씩 주말여행을 가더라도 그다음 주 출근할 때 지장이 되기도 했습니다.

그래서 우리 가족은 여행보다는 체력 소모가 적은 독서를 가족문화로 만들었습니다. 독서토론을 할 때는 아이들에게 평소에는 허용하지 않던 간식들을 주기도 하고, 매일 독서를 할 경우 포인트를 쌓아서 선물을 주기도, 100일 독서를 완료했을 때는 케이크를 사서 자축하기도 했습니다. 그 결과 아이들은 아침에 일어나면 책을 먼저 읽는 아이들이 되었습니다. 처음에는 책 읽기에 그리 큰 흥미를 보이지 않던 아이 아빠도 매일 새벽 독서를 합니다. 딸들은 그런 아빠의 모습을 보면서 잠에서 깹니다. 명실상부 독서가 가족문화가 된 것입니다.

넷째, 결과물을 굳이 기대하지 않습니다. 이게 가장 중요한 요소입니다. 대학 입시를 위해서가 아니라 사랑하는 자녀와 교감하는 기회 또는 좋은 추억을 남겨주는 것만으로도 가족문화 만들기는 매우 큰 수확입니다. "어릴 적부터 그렇게 독서에 투자했는데 국어 성적이 왜 이 모양이니?"라고 한다든가 "시시때때로 여행을 가면서 다양한 경험을 했는데 최소한 네가 좋아하는 것은 뭔지 알아야 하는 거 아니니?"라고 핀잔을 준다면 그 순간부터 가족문화의 의미는 퇴색해 버립니다.

가족문화는 꼭 한 가지일 필요가 없습니다. 위의 예시처럼 기본적으로 독서를 베이스로 깔고 여행을 끼워 넣는 것도 좋습니다. 그리고 특별한 일이 없는 주말에는 다 함께 영화를 봅니다. 한 번은 아이들이 보고 싶어 하는 것을 보고 다른 한 번은 엄마 아빠가 보고 싶은 것을 보는 식으로 교대로 합니다. 봉사활동은 따로 하진 않지만, 정기적으로 아이들 이름으로 기부하면서 어려운 나라의 친구들에 대해 이야기하고 환경 문제에 관해서도 대화합니다. 제 조카는 사회복지사인 엄마를 따라 어린 나이부터 봉사활동에 참여했습니다. 직접 봉사하는 엄마의 뒷모습을 어릴 때부터 보고 자라서인지 배려심이 깊을 뿐 아니라 매사 야무지고 동생들을 잘 보살피며 웃어른도 공경하는 그야말로 엄친딸로 잘 성장하고 있습니다.

┃ 가족문화 만들기 사례: 엄마는 명언 쓰기, 아빠와 두 딸은 책 읽기가 미션이었습니다.
　(맘스다이어리 프로그램 활용 사진)

🖋 (마) 소소한 질문과 대화를 통한 '자아개념' 파악하기

나에 대해서 잘 알면 더 만족스럽고 행복한 삶을 살 수 있습니다. 자아개념에 관해 설명한 학자 중에 '수퍼Super'라는 학자가 있습니다. 그는 '진로 선택은 자아개념의 실현 과정'이라고 설명합니다. 자아개념이란 '나는 이런 사람이다'라고 생각하는 것으로 자아개념을 충족할 때 직업에 대한 만족도가 높아집니다. 앞에서 '초등학교에서 준비하는 고교학점제'에서 설명했던 '자아이해'와도 같은 맥락입니다. 자아이해는 자아개념을 확립하고 이해하는 것이기 때문입니다.

그런데 자아개념은 일정하지 않고 계속된 선택적 적응의 과정을 통해 발전합니다. 자아개념은 진로 선택을 할 때 매우 중요합니다. 동물을 사랑하는 사람이 동물실험을 하는 회사에 취직한다면 개인적으로 갈등이 심할 것입니다. 또한 아이를 사랑하지 않는 사람이 어린이집 교사가 되는 것도 알맞지 않습니다. 이렇듯 개인의 자아개념에 맞는 직업을 선택한다면 개인적으로는 가치관에 맞는 직업을 선택해 만족한 삶을 살 뿐만 아니라 사회적으로도 긍정적인 발전을 할 수 있습니다.

그렇다면 가정에서 학생이 자아개념을 알 수 있게 도와줄 방법에는 어떤 것이 있을까요? 아주 간단한 방법으로는 부모가 아이에게 여러 질문을 던져보는 것입니다. 같이 저녁 먹을 때, 산책할 때, 차로 이동하는 지루한 시간 동안 이런저런 질문을 던져봅니다. 사실, 질문을 생각해 내는 것도 부담스러울 수 있기에 다음과 같이 질문 예시를 제시하도록 하겠습니다.

- 네 삶에서 소중한 건 뭐야?

- 너는 무엇을 할 때 삶의 보람과 의미가 생겨?

- 인생을 돌아본다면 어떤 사람으로 기억되고 싶어?

- 너는 하루 중 가장 좋아하는 시간이 언제야?

- 네가 속한 사회를 더 좋은 곳으로 만들기 위해 네가 할 수 있는 일은 뭐라고 생각해?

- 올해 겪었던 일 중에 힘들었지만 보람 있던 일은 뭐야?

- 너를 한 단어로 표현하면 어떻게 표현할 수 있을까? 그렇게 생각하는 이유도 이야기해 줄 수 있어?

- 최근에 들었던 칭찬 중에 기억에 남는 것을 말해줄래?

- 네가 올해 이루고 싶은 꿈은 뭐야? 그 꿈을 이루기 위해 당장 할 수 있는 아주 작은 일에는 뭐가 있을까?

- 너는 무엇을 할 때 설레?

- 네가 평소에 듣기 싫은 자존감을 떨어뜨리는 말은 뭐야? 너에게 힘이 되는 듣고 싶은 말은?

- 우리 스트레스가 쌓일 때 해소할 수 있는 '나만의 방법 3가지'를 말해볼까?

- 네 인생 3대 사건 말해줄래? 나쁜 거는 빼고!

- 너의 최애템 3가지를 말해줄래? 그 이유는?

질문 예시 파일

이러한 질문들이 바로 떠오르지 않을 수도 있으므로 의식적으로 해도 됩니다. 위 질문들을 타이핑한 후에 냉장고에 붙여 두고 생각날 때마다 해 보셔도 됩니다. 이런 질문을 하다 보면 아이도 스스로에 대해 더 알게 되고 엄마도 자녀의 새로운 점을 알게 되는 놀라운 효과가 있을 것입니다.

주의 사항이 있습니다. 우선 아이의 답이 황당하거나 마음에 들지 않아도 받아들여야 합니다. 대부분 아이가 이런 질문에 익숙하지 않아서일 수도 있습니다. 계속 질문하고 답하다 보면 더 나아질 수도 있고 계속 기이한 답변을 한다면 그냥 아이 자체의 본모습으로 받아들여야 합니다. 또 부모가 위의 질문에 먼저 답해야 합니다. 아이에게 말할 때 다음과 같이 말해봅니다.

"올해 겪었던 일 중에 힘들었지만 보람 있던 일은 뭐야? 엄마는 너희랑 같이 제주도 일주일 살기를 한 일이야. 렌터카를 빌려서 전기차를 처음 몰았던 것도 낯설었고 펜션이 생각보다 지저분해서 청소하느라 힘들었지만 여기저기 여행하면서 즐거움을 더 많이 느꼈단다. 넌 어땠니?"

위와 같이 질문하면 대답 잘하는 아이는 재잘재잘 말하고, 말이 없어진 청소년기 아이는 그냥 "없어"라고 대답할 수도 있습니다. 대답이 없다고 실망하지 않고 "그럼 다음에 생각나면 얘기해 줘"라고 하시면 됩니다.

✎ (바) 아이의 재능을 키우는 효율적인 방법: 강점 찾기

자녀의 공개수업에 참여하는 것은 부모에게는 참 긴장되는 시간입니다. 우리 아이가 수업 시간에 방해되는 행동은 하지 않을까, 발표 목소리가 너무 작지는 않을까, 아니면 너무 커서 튀는 것은 아닐까, 하는 등 이런저런 걱정들이 앞섭니다.

　얼마 전 자녀들 공개수업에 참여하였습니다. 학교에서도 매년 필자의 수업을 공개하지만, 그것보다 훨씬 더 긴장됐습니다. 큰아이는 목소리가 크고 활발한 편입니다. 사실 다른 친구들에 비해 지나치게 목소리가 크고 말이 많아서 걱정되는 면도 있습니다. 그래서 예전에 공개수업 참여할 때는 발표를 너무 많이 하고 선생님께서 정답을 말씀하시기 전에 미리 답을 말해버려서 뒤에서 몸 둘 바를 모르겠더라고요. 반면 둘째는 목소리가 다른 친구들에 비해 작고 소극적인 편입니다.

　올해 역시 그런 모습들은 크게 달라지지 않았습니다. 하지만 이를 보는 제 관점이 달라진 걸까요. 아이들의 장점이 보였습니다. 큰아이는 적극적으로 발표합니다. 그리고 모든 게임에 신나게 참여해 수업 분위기를 밝게 해줍니다. 다소 소극적인 둘째 아이의 장점은 선생님 말씀에 집중하고 다른 친구들이 발표할 때 박수를 참 잘 친다는 점입니다. 그 모습들이 참 사랑스러워 보여서 공개수업이 끝난 후에 많이 칭찬해 주었습니다. 공개수업이 끝나고 쉬는 시간에 어떤 어머님께서는 아이가 목소리가 작다고 혼을 내는 모습을 본 적이 있습니다. 아이는 엄마의 말을 듣고 웁니다. 어떤 어머니는 수업 시간 중에도 지루해서 몸을 계속 비트는 아이에게 쿡쿡 찔러 가며 지적하십니다. 참 안타까운 마음입니다.

　물론 아이들이 약점이라고 생각되는 부분을 보완할 수 있도록 부모가 어느 정도는 도와줄 수 있습니다. 예를 들면 아이가 목소리가 작고 발표력이 약하다면, 아이가 자기 방에서 뭔가 이야기할 때 부모가 그 방으로 가는 것이 아니라 그 방에서 더 큰 소리로 말해주라고 요구합니다. 또 가정에서 꾸준히 자기 의견을 말할 기회를 줍니다. 저희 가정에서는 저녁 먹을 때에 종종 한 단어를 제시하여 돌아가면서 이야기를 나눕니다. 예를 들어 '여행'이라고 아빠가 단어를 이야기하면 시계 방향으로 돌아가면서 여행과 관련된 추억이나 생각을 이야기하는 식입니다. 제시어는 '게임, 주말, 사회, 가족' 등등 무엇이든 상관없습니다. 아이의 발표력을 키우는 데 도움이 됩니다.

산만한 아이라면 '1분간 가만히 앉아 있기'를 시도하는 것도 도움이 됩니다. 1분 정도 시도해 보고 시간을 점차 늘려가면 아이의 자제력을 키우는 데에 도움이 됩니다. 자제력 훈련에는 '글자 색깔 맞추기'도 있습니다. 글자를 읽지 않고 글자의 색깔을 맞추는 것인데 글자를 읽고 싶은 욕구를 누르고 색깔을 말해야 하기에 실제 산만한 학생들은 이를 어려워합니다. 유튜브에 '자제력 훈련' 또는 '글자 색깔 맞추기'라고 검색하면 뜨는 자료들이 많습니다. 단계별로도 할 수 있습니다. 이 역시 꾸준히 훈련하면 자제력을 키우는 데에 큰 도움이 됩니다.

아이가 다른 사람에게 피해를 주는 경우라면 단호하게 그래서는 안 된다고 말해줘야 합니다. 수업 시간에 위험한 행동을 한다든가, 지나치게 떠들면 가정에서도 이를 도와줄 방안을 찾아야 합니다. 하지만 아이의 행동이 친구들에게 불편을 주거나 수업을 방해하는 수준이 아니라면 아이가 잘하는 부분을 주목하고 이를 키워줘야 합니다.

① 강점에 초점을 맞춰야 하는 이유

왜 우리는 아이의 강점에 초점을 맞춰야 할까요? 학교에서 매년 실시하는 습관 프로젝트를 통해 어떤 습관을 설정하느냐에 따라서도 습관의 성공 여부가 확연히 달라진다는 것을 깨달았습니다. 부정적인 습관을 제거하려는 목적으로 습관을 설정하는 학생 대부분이 그 습관을 실행하지 못합니다. 너무나도 사소한 습관이었는데도 불구하고 대부분이 실패합니다. 예를 들어, '손톱 물어뜯지 않기, 늦잠 자지 않기, 간식 먹지 않기, 동생이랑 싸우지 않기' 등의 습관은 성공하지 못할 가능성이 큽니다. 대신에 '손에 핸드크림 바르기, 점심 먹고 운동장 한 바퀴 돌기, 밥 먹을 때 채소 하나씩 먹기, 집에서 나오기 전에 엄마나 아빠에게 사랑한다고 말하기' 등의 습관을 설정한 학생들은 대부분 습관 실행에 있어서 성공했습니다.

그 이유는 앞에서 밝혔듯이 부정어를 처리하지 못하는 우리 뇌에 있습니다. 예를 들어, "너의 산만함이 사라졌으면 좋겠어"라고 하면 아이는 자신의 산만함에만 주목하게 됩니다. 또는 "너는 왜 이렇게 발표를 못 하니?"라고 하면 아이는 더욱 위축됩니다. 반면 아이가 잘하는 것에 집중하면 그것을 발판 삼아 더욱 발전할 기회를 만들 수 있습니다.

아이의 강점에 주목해야 하는 또 다른 이유는, 역설적으로 아이들이 성장하면서 대부분 약점이 보완되기 때문입니다. 중학교 1학년 때에 친구가 없고 혼자만 다녀서 걱정이었던 학생이 3학년 때는 많이는 아니지만 한두 명의 친구들과 깊은 관계를 유지하면서 잘 지내는 경우도 많이 봤습니다. 필자 역시 어린 시절 이름조차 말하지 못하는 수줍은 아이였지만 고학년이 되면서 누구보다 발표를 잘하는 학생이 되었고 지금은 교사를 하고 있습니다. 시간이 지나면서 스스로 극복할 수 있는 약점을 부모가 지나치게 주목하는 것은 되려 역효과를 불러일으키는 경우가 많습니다.

따라서 아이의 긍정적인 면, 강점에 집중하는 것이 아이를 발달시키는 가장 효율적이면서도 합리적인 방법입니다.

② 아이의 강점을 찾는 방법

그렇다면 아이의 강점을 찾는 방법에는 어떤 것이 있을까요?

첫째, 아이가 가장 많은 시간을 투자하는 것이 무엇인지 알아봅니다. 아이가 한번 시작하면 몰입하는 활동들이 있습니다. 레고 블록 만들기일 수도 있고, 종이접기일 수도 있습니다. 책 읽기 시작하면 시간 가는 줄 모르는 아이도 있고, 애니메이션 그리기를 매일 저녁 하는 아이도 있습니다. 아이가 시간을 투자하는 것을 아끼지 않는 활동들을 찾아봅니다. 게임이나 유튜브 시청을 장시간 하는 것은 유익함보다는 유해함이 많기에 제외합니다.

둘째, 피드백을 적극적으로 해주세요. 자기 스스로는 못 찾아도 타인의 피드백을 통해서 강점이 무엇인지 찾을 수 있습니다. 선생님이나 친구들이 해주는 칭찬이 피드백 역할을 합니다. '칭찬 일기' 쓰기도 도움이 됩니다. 매일 자신이 잘한 점을 1~3개 정도 써봅니다. 아이가 학교에서 친구들이나 선생님들께 받은 칭찬을 기록하게 합니다. 부모 역시 아이의 칭찬 일기에 하나둘씩 꾸준히 아이의 칭찬거리를 적어줍니다. 이렇게 꾸준히 기록한 칭찬은 아이의 강점을 기록한 하나의 포트폴리오가 되고, 부모가 미처 눈치채지 못했던 아이의 강점을 파악할 수 있는 소중한 자료가 될 수 있습니다.

셋째, 강점의 폭을 넓혀서 생각합니다. 우리는 흔히 강점하면 눈에 확연히 띄는 것들을 생각합니다. 특정 분야에 뛰어난 재능이 있으면 그 학생은 강점이 있다고 말하곤 합니다만 대부분 학생은 이에 해당하지 않습니다. 홀랜드 직업적성검사 결과를 살펴보면 학급에서 두세 명 정도는 특별히 선호하는 유형이 없는 것으로 결과가 나오는 경우가 있고 '직업정체성이 낮다'라고 표현되기도 합니다. 이런 학생들은 자신이 뭘 잘하는지 모르겠고 앞으로 무엇을 해야 할지 고민이라고 말합니다.

하지만 직업적성검사에는 나오지 않는 이 학생들만의 강점이 있습니다. 직업정체성이 낮아서 고민했던 학생 중 한 명은 모둠활동을 할 때 모둠원들의 의견을 잘 취합하는 능력이 있었습니다. 그리고 발표할 때도 차분하게 교사의 눈을 맞추면서 말했습니다. 실제 특목고 면접을 준비할 때 다른 학생들은 예상치 못한 질문이 나오면 당황했지만, 이 학생은 의연하게 자신이 아는 바를 잘 정리해서 말하는 것이 인상적이었습니다.

어떤 아이들은 쉬는 시간이나 점심시간마다 담임에게 찾아와서 가정에서 있었던 일, 학급에서 있었던 시시콜콜한 이야기들을 늘어놓는 경우가 있습니다. 이런 학생들은 대인관계 지능이 높은 경우입니다. 유머러스한 말로 주변을 밝게 만들어 주는 것도 재능이고, 사람들이 무심코 한 무례한 말도 예민하지 않게 지나갈 수 있는 것도 재능입니다. 이런 경우 의사소통 능력이나 공감 능력이 강점이라고 말할 수 있습니다.

넷째, 아이가 노력한 만큼, 또는 적은 노력으로도 성과가 나오는 활동을 찾아봅니다. 사실 큰 노력과 비용을 장시간 쏟아부었음에도 아이가 성과를 내지 못한다면, 그 분야는 아이의 적성이 아닐 확률이 높습니다.

비슷한 노력과 비용을 들였음에도 어떤 아이는 수학 과목 성적이 높고,

어떤 아이는 수학 성적은 바닥이지만 영어 성적이 높을 수가 있습니다. 때에 따라 역사나 사회 과목의 성적만 높을 때도 있습니다. 학업 이외에도 수업 시간에는 늘 엎드려 있지만 자신이 소속된 동아리인 피구부 활동을 할 때는 두각을 드러내는 학생이 있습니다. 다른 때에는 무기력하지만 애니메이션 관련해서는 신나게 이야기하는 학생도 있습니다. 이런 학생들은 조금이라도 잘하는 분야를 칭찬하면서 그 재능을 토대로 다른 분야에도 관심을 가지며 아이의 세계가 확장될 수 있게 조력해야 합니다. 예를 들면, 다른 재능은 없지만 친구들을 챙기고 아우르는 리더십이 있는 학생에게 인간친화 재능을 칭찬하고 독려해야 할 것입니다. "괜한 곳에 신경 쓰지 말고 네 일이라 잘하라" 하며 혼내면 별 도움이 되지 않을뿐더러 관계가 더 악화할 수도 있습니다.

다섯째, 강점이 꼭 한 분야일 필요는 없으며 한 분야에서 특출나게 뛰어날 필요도 없습니다. 여러 분야에서 적당히 잘하는 것이 조합이 되면 엄청난 시너지 효과를 낼 수 있습니다. 드라마 〈무빙〉의 작가인 만화가 강풀이 훌륭한 예입니다. 한 대학교 강연에서 다음과 같이 말하였습니다.

"저는 초창기에 그림 잘 못 그리는 만화가로 소문났었어요. 특별하지 않은 그림 실력이었지만 제가 잘할 수 있는 '이야기 만들기'에 집중해 사람들의 공감을 얻을 수 있었던 것 같습니다."

만화가 강풀은 등장한 캐릭터의 옷을 갈아입히지 않는다고 합니다. 옷을 갈아입히면 다른 사람들이 알아보지 못하기 때문이라고 합니다. 하지만 그는 이야기 만들기와 캐릭터에 집중하였습니다. 그리고 적당한 창의력이 있었고요. 게다가 강풀은 관련 업계에서 마감 기한을 잘 지키고 성실하기로도 유명하다고 합니다.

이처럼 특출나게 잘하는 것이 아닌, 적당히 잘하는 다양한 분야가 결합이 되면 다른 사람들은 넘볼 수 없는 그만의 강점이 되기도 합니다. 다양한 분야에서 적당히 잘하는 것이 먼 훗날 자신의 강점이 될 수 있습니다. 그렇다면 앞으로의 시대에 적당히 잘하면 좋은 분야는 무엇이 있을까요? 자신만의 강점이 있으면서도 그것과 결합하여 AI를 적당히 잘 활용하는 것, 그리고 적당히 공감하고 창의력이 있는 것들이 자신이 가진 재능을 꽃피울 수 있는 열쇠가 될 거라 믿습니다.

여섯째, 아이가 예민하게 구는 분야를 찾아봅니다. 인지심리학자인 김경일 교수는《마음의 지혜》에서 전문가 대부분은 객관적인 기준으로 일을 훌륭하게 처리해 놓고도 즐거움을 못 느끼는 사람이라고 말하였습니다.

전문가들은 잘하는 분야에서는 아주 까탈스러워진다고 합니다. 사람마다 어떤 일은 건성건성 지나치는데 유독 어떤 분야에서는 까다롭고 예민하게 작업하는 분야가 있습니다. 학생들도 보면 청소 상태를 꼼꼼하게 따지는 학생도 있고, 규칙을 지키는 것에 엄격한 학생이 있습니다. 덤벙대는 성격인데 맞춤법 틀리는 것을 못 견디는 학생이 있기도 하고, 무난한 성격인데도 음악 시간에 합주할 때는 유독 까다로운 친구가 있기도 합니다. 직업적으로 보았을 때 요리사들은 미각에 예민하며, 군인과 경찰들은 안전에 대해서 엄격합니다. 이처럼 아이가 그냥 허투루 넘어가지 않는 분야가 강점일 가능성이 높습니다. 아이가 특별히 잘하고 싶은 활동, 또는 완벽히 하려고 하는 일이 무엇인지 탐색해 보시기 바랍니다.

강점에 주목하면 아이도 더 편안하게 성장하며 아이의 성장을 지켜보는 부모님들도 방향성을 갖고 자녀를 키우실 수 있습니다. 다음은 위에서 쓴 내용을 바탕으로 아이가 강점을 찾을 때 참고할 수 있는 질문들입니다. 그런데 질문을 해도 아이가 "모른다"라고 대답할 가능성도 있습니다. 내면의 소리를 듣는 것에 익숙하지 않기 때문입니다. 이런 때에는 여유를 갖고 기다려 주세요. 앞에서 언급한 칭찬일기도 같이 쓰면서요. 아이의 숨겨진 강점이 빛을 발할 수 있도록 생각날 때마다 질문을 해보시면 부모님도 자녀도 자신을 파악하는 데에 도움이 되리라 믿습니다.

강점을 파악하는 데 도움이 되는 질문들

- 일단 시작하면 시간 가는 줄 모르는 게 있니? 아니면 오랜 시간 해도 지루하지 않은 것이 있었으면 말해줘.

- 네가 유독 잘 하고 싶은 분야는 뭐니?

- 어떤 일을 할 때 남들보다 조금 더 빨리할 수 있는 것을 말해줄래? 아니면 다른 것을 할 때보다 적게 노력했는데 좀 잘했다 싶은 게 있어?

- 넌 무엇을 할 때 즐거워?

- 네가 남들보다 조금 더 잘한다고 생각하는 점 5가지만 말해보자.

- 엄마(아빠)가 생각하기엔 네가 _____한 장점이 있는 것 같아. 학교에서 선생님이나 친구들에게 들었던 칭찬을 말해줄래?

- 무언가를 할 때 마음이 불편했던 것이 있니? 친구들이 무엇을 했을 때 그냥 넘어가기 힘들어서 지적했던 거나 아니면 마음속으로라도 지적하고 싶었던 부분 같은 거 말이야.

🖋 ＿ (사) 부모 자신부터 돌보기: 에어컨을 켜라!

누군가가 필자에게 아이를 잘 키우는 법을 묻는다면 이렇게 답하겠습니다.

"잘 자고, 잘 먹고, 잘 쉬고, 운동하고, 겨울에는 따뜻하게, 뜨거운 여름에는 에어컨을 충분히 켜고 지내는 게 아이를 잘 키우는 전부입니다."

내 몸과 마음이 편안한 상태라면 아이들이 어떤 문제를 보이더라도 객관적으로 보고 대처할 수 있습니다. 하지만 그렇지 않은 상태라면 문제가 아닌데도 이를 문제상황으로 보고 민감하게 대처하게 됩니다. 아이를 키우는 것은 장기전입니다. 오늘 한 번 버럭버럭해서 아이가 확 바뀐다면 100번이라도 하겠지만 그렇게 되지 않는다는 걸 우리는 경험상 잘 알고 있습니다. 부모가 여유가 있고, 건강하다면 아이를 훨씬 더 여유롭고 친절하게 대할 수 있습니다.

'에어컨을 켜라'는 것도 이러한 맥락입니다. 아이를 잘 먹이고 입히고 교육하는 것에 앞서서, 부모로서 내 몸과 마음이 편한 것이 가장 우선이라는 말입니다. 물론 여름에 마구잡이로 에어컨을 켜라는 것이 아닙니다. 하지만 우리나라처럼 여름이 습하고 더운 환경인 경우, 여름방학에 아이들과 함께 있는데 덥기까지 하면 엄마들이 쉽게 화를 낸다는 것을 직간접 경험을 통해 알고 있기 때문입니다.

딸이 물을 때가 있습니다.

"엄마가 가장 사랑하는 사람이 누구예요?"

그럼 이렇게 답합니다.

"엄마는 나 자신을 가장 사랑해. 그다음이 너희들이야. 예전에는 너희들을 가장 사랑해야 하고 어떤 경우에도 너희들을 우선시해야 한다고 생각하던 시간이 있었어. 그런데 나 자신을 아끼지 않으면 너희를 제대로 사랑할 수 없다는 것을 알게 됐어. 그래서 엄마는 너희를 더 사랑하기 위해 나 자신을 아끼고 사랑하기로 결심했어."

지금 닥친 많은 문제에 불안하기보다 좋은 음식을 먹고 충분히 자며 휴식하면서 자신을 아끼는 모습을 보여주는 것, 이것이 자녀에게 보여주는 또 다른 선물이 아닐까요?

4 학업 역량 신장하기

(1) 학업 역량이란?

공부의 양과 깊이는 학교급이 높아질수록 많고 깊어집니다. 초등학교에서 중학교, 중학교에서 고등학교로 진학하는 시기에 공부해야 할 양은 월등히 많아집니다. 이 과정에서 많은 학생이 당황하거나 혼란스러워하기도 하는데요. 학업 역량이 높은 학생들은 이 시기를 무난히 견뎌냅니다.

그렇다면 대학에서 원하는 학업 역량은 무엇일까요? 대학에서 생각하는 학업 역량은 대학 교육을 충실히 이수하는 데 필요한 수학修學능력입니다. 학업 역량에는 크게 학업성취도, 학업태도, 탐구력으로 나눠 생각할 수 있습니다. 학업성취도를 확인할 때는 고교 교육과정에서 이수한 교과의 성취 수준이나 학업 발전의 정도를 나타내는 것으로 대학 수학에 필요한 기본 교과목의 교과성적이 적절한지, 학기별 또는 학년별 성적의 추이와 유난히 소홀히 한 과목이 있는지를 봅니다.

학업태도는 학업을 수행하고 학습해 나가려는 의지와 노력으로 교과 수업에 적극적으로 참여해 수업 내용을 이해하려는 태도와 열정이 있는지, 성취동기와 목표 의식을 가지고 자발적으로 학습하려는 의지가 있는지 봅니다. 탐구력은 지적 호기심을 바탕으로 사물과 현상에 관해 탐구하고 문제를 해결하려는 노력으로 교과와 각종 탐구활동 등을 통해 지식을 확장하려고 노력하고 구체적인 성과를 보이는지를 봅니다.

이러한 학업 역량을 키우려는 방법들에는 어떤 것들이 있을지 알아보도록 합시다.

(2) 공부란, 콩나물시루에 물 붓는 과정

시험이 끝나고 많은 학생이 하는 말이 있습니다. "선생님! 저 공부 진짜 열심히 했는데 안 돼요." 심하게는 이렇게 말합니다. "이번 생은 망했어요." 하지만 이는 공부의 본질을 모르고 하는 말입니다. 공부는 결코 한 만큼 비례해서 성적이 나오지 않습니다. 공부는 계단형으로 성장합니다. 꾸준히 하는데도 성적이 오르지 않고 정체되어 있거나 되려 더 못한 결과가 나오다가 여러 가지 시행착오를 거친 후에 갑자기 비약적으로 발전하게 되는 것입니다. 이는 자신이 의식하지 못한 순간에 옵니다. 정체기는 사실 여러 가지 공부법을 찾는 시기입니다. 현재 시도하는 공부법이 맞지 않을 수도 있기에 다양한 시도를 해나가면서 나만의 공부법을 찾아야 합니다.

그래서 매년 담임을 맡은 반 학생들에게 비례 그래프와 계단형 그래프를 그려 설명합니다. 이 세상 모든 성장은 계단식으로 이루어진다고, 기나긴 정체기를 견디는 사람만이 성장을 맛볼 수 있다고, '성장의 순간은 나도 모르게 찾아오기에 어느 순간 보면 지난 시간을 잘 견뎌왔고 잘 해왔구나'란 것을 느낄 수 있습니다.

공부란 콩나물시루에 물을 주는 것과 같다고 생각하면 됩니다. 콩나물시루에 물을 주면 아래 구멍으로 물이 다 새어 나가는데 이처럼 지금 하는 노력이 무의미하게 느껴질 수 있습니다. 하지만 계속 시루에 물을 주다 보면 콩나물은 어느새 무럭무럭 자라 있습니다.

얼마 전 고등학교에 진학한 졸업생이 찾아왔습니다. 중학교 3학년, 다소 힘든 시기를 보냈던 친구인데 고등학교 1학년인 지금, 얼굴이 환하게 빛나고 한층 성숙해져 있어서 참 고맙고 기특했습니다. 힘든 것보다는 고등학교 생활이 즐겁다고, 하는 공부도 즐겁고 꿈도 생겼다는 이야기가 참 반가웠습니다. 그 친구가 해준 이야기 중에 인상 깊었던 것이 있습니다.

"선생님! 공부가 참 재미있어졌어요. 국어 지문을 읽을 때도 언젠가는 쓸모가 있을 거로 생각하면 더 재밌어요."

아무 의미 없어 보이는 행동들을 반복하면서 그 시간을 견뎌내는 것이 바로 성장을 불러오는 마법의 열쇠가 아니겠냐 생각을 합니다. 우리 아이들에게도 이런 사실을 알려주어야 합니다. 콩나물시루에 물을 붓는 과정이기에 지금 의미가 없어 보이는 것도 언젠가는 필요할 것이라고, 엄마랑 아빠는 지금의 성적을 보지 않고 너의 성장 과정을 믿고 기다릴 것이라고요. 이렇게 말해준다면 아이는 자신을 믿고 힘든 시간을 견딜 수 있을 테고 내적 동기가 높으며 자제력이 뛰어난 어른으로 성장하지 않을까 하는 꿈을 꿉니다.

(3) 독서를 통한 학업 역량 키우기

우리 학생들은 매우 바쁩니다. 하루 24시간이 턱없이 부족합니다. 그런데 여기에 책까지 읽으라니 매우 부담스럽지요. 하지만 이럴수록, 지금이 바로 책을 읽을 적기입니다. 고등학교에 가면 책을 읽을 시간이 훨씬 더 부족합니다. 중학교에서 고등학교로 넘어가면 공부의 양은 물론이거니와 수준도 훨씬 깊어지기에 여러모로 시간적, 심리적 여유가 중학교 시기에 더 많습니다. 많은 졸업생이 고등학교 진학 후 후회되는 일 중의 하나가 중학교 다닐 때 책을 더 많이 읽지 못한 거라고 말하곤 합니다.

요즘 아이들이 문해력이 부족하다는 견해에 대해 문해력의 총량은 이전 세대나 요즘 세대나 비슷하지만 단지 기성세대의 언어를 요즘 아이들이 이해하지 못하는 것일 뿐이라는 의견도 있습니다. 위 의견에 일부 동의합니다만 여러 고전이나 시험 및 면접에서는 아이들이 쓰는 말이 아니라 기성세대의 언어들이 쓰이기에 배우려고 노력할 필요가 있습니다. 공부는 결국 많은 어휘를 알고 이해하는 것의 다른 말인데 책은 그 말을 배우기 위한 가장 쉽고 즐거운 접근 방법입니다.

생성형 AI가 대두된 지금, 가장 중요한 것은 '질문하는 능력'입니다. 이 능력은 독서를 통해 키울 수 있습니다. 앞으로는 좋은 질문을 하는 사람이 훨씬 더 다채로운 삶을 살아갈 수 있는 시대가 됩니다. 좋은 질문을 하기 위해서 필요한 것이 바로 책을 통해 간접 경험을 쌓는 것입니다. 좋은 질문을 한다는 것은 바로 내가 무엇을 원하는지 아는 것입니다. 내가 무엇을 원하는지 알기 위해서는 많은 직접·간접 경험을 해야 합니다.

책을 읽는 이유는 단순히 지식을 쌓기 위해서가 아닙니다. 단순 지식은 이미 포털 사이트를 포함해서 인공지능이 답해주는 시대입니다. 독서란 책을 읽고 다양한 배경지식을 바탕으로 내가 원하는 것을 구체적으로 쌓아가는 과정입니다.

필자는 담임을 맡았을 때 학급 도서를 비치했습니다. 바로 고개를 돌리면 책을 읽을 수 있는 환경이 조성되면 더 책을 잘 읽을 수 있기 때문입니다. 가정에서도 곳곳에 책을 비치해 두시면 좋습니다. 굳이 벽 한 면을 책으로 채우지 않아도 됩니다. 식탁 위, 소파 위, 화장실도 좋습니다. 또한 책을 많이 읽기 위한 이벤트를 열기도 합니다. 학급 독서 활동을 하면서 '패들렛'이란 프로그램을 활용해서 학생들이 읽은 책들을 자발적으로 정리하고 많이 적은 친구에게 작은 상품을 사주기도 합니다. '책 속 한 줄'을 따로 메모하여 칠판에 적는 이벤트도 합니다.

이처럼 가정에서도 책 읽는 환경을 조성해 주셔야 합니다. 가장 쉬우면서도 어려운 방법은 부모가 핸드폰을 보는 것 대신 책 읽는 모습을 보여주는 것입니다. 물론 하루 종일 지친 상태에서 퇴근 이후 저녁 시간의 독서 활동은 무척 어렵습니다. 하지만 자녀들의 독서를 장려하는 가장 좋은 방법은 부모가 책 읽는 모습을 보여주는 것임을 부인할 수 없습니다. 부모 중의 한 명이라도 이런 모습을 보여주면 아이들은 자극받습니다.

책 읽는 환경을 만드는 것 중에 주말에 도서관을 찾는 방법도 있습니다. 사실 중학생 정도 되면 각자 일정이 바빠서 주말마다 도서관 방문이 어려울 수도 있습니다. 도서관 대출 기한인 2주에 한 번씩으로 도서관 가는 날을 지정하면 좋습니다. 그러면 한 달에 두 번 정도는 도서관에 가게 됩니다. 가족이 함께 도서관에 갈 때 주의 사항을 알려드리겠습니다.

첫째, 아이가 보는 책에 대해 왈가왈부하지 않습니다. 사실 아이가 스스로 골라보는 책들은 부모가 보기에 마땅치 않은 책들이 대부분이며 기껏 고르면 만화책 또는 스릴러물이기도 합니다. 하지만 아이가 도서관에 가는 것을 즐겁게 만들기 위해서는 읽고 싶은 책을 읽게 두고, 핸드폰을 보지 않는 것만 해도 감사하다고 생각해야 합니다. 이렇게 주기적으로 도서관에 가서 책을 대출하다 보면 100권 중의 1권 정도는 부모가 원하는 책을 읽을 수도 있습니다. 여기에도 사실 부모의 노력이 필요합니다. 아이가 도서관에서 읽는 책들을 살펴보고 그것과 관련해서 중학생 수준에서 읽으면 좋은 책들을 부모가 대출하거나 서점에서 구매해서 은근슬쩍 아이 책상 위에 올려두는 것입니다. 하지만 이것 이상으로 읽으라고 권유하는 건 좋지 않습니다. 초등학교 파트에서 '온작품 읽기'를 가족이 함께

하는 것으로 제시되었는데 중학생에게도 적용할 수 있습니다. 책과 친해지는 다양한 시도가 중요합니다.

둘째, 도서관 가기 전후로 아이가 좋아하는 맛있는 것을 사줍니다. 제임스 클리어의 《아주 사소한 습관의 힘》에 보면 이런 내용이 나옵니다.

습관을 유지하기 위해서는 그 일이 즐거워야 한다. 향기가 좋은 비누, 50달러가 통장에 입금되는 걸 보는 일 등 간단하고 사소한 강화 장치들은 습관을 즐겁게 만드는 즉각적 만족감을 제공한다. 그리고 습관이 즐거워질 때 변화가 쉬워진다.

도서관이 즐거운 곳으로 기억되기 위해서는 도서관과 관련한 즐거운 기억이 있어야 합니다. 지역의 대형 도서관에는 매점이 딸린 곳이 많습니다. 그곳에서 돈가스를 사 먹거나 평소에는 주지 않는 컵라면 등을 도서관에 가면 먹게 해주는 것도 하나의 즐거움이 될 것입니다. 집 근처 도서관에 매점이 없다면 돌아오는 길에 편의점에서 좋아하는 과자나 식품류를 사주면 어떨까요?

셋째, 독후활동에 집착하지 않습니다. 필자 역시 책을 좋아하는 엄마로서 한 때는 책을 읽고 나서 내용이나 느낀 점을 묻고 말하지 못하면 못마땅하게 생각했습니다. 하지만 독후활동을 강요하는 것은 자칫하면 아이가 책에 대한 흥미를 잃게 하는 가장 큰 요인이 됩니다. 물론 때에 따라 엄마 아빠와 함께하는 독후활동을 좋아하는 아이들도 있습니다.

넷째, 편독을 걱정하지 않습니다. 사실, 이 말은 고교학점제 시행 이후 다음과 같이 바뀌어야 한다고 봅니다. '편독을 장려하자!'로 말입니다. 많은 부모님이 아이의 편독을 걱정합니다. 하지만 고교학점제 체제에서는 되려 편독이 일정 부분 진로 분야를 개척하는 데 도움을 줍니다. 또 어느 한 분야로 깊이 파고들어 가기에 더욱 깊이 있는 독서가 가능해집니다. 부모는 이를 기회로 삼아서 더 확장할 수 있도록 도와야 합니다.

아이가 한국사에 관심이 있다면 한국사를 토대로 해서 세계사로 확장하도록 관련 서적을 사줍니다. 요리에 관심이 있다면 요리와 관련된 서적을 사주면서 요리의 역사나 요리와 관련된 과학으로도 접목할 수 있습니다. 아이가 좋아하는 유명인이 있다면 그 사람과 관련된 책을 사줄 수도 있습니다. 아이가 좋아하는 한글책이 번역본이라면 관련된 영어판 원서를 사주면 흥미를 보일 수도 있습니다. 이런 식으로 확장해 나갑니다. 이렇게 한다면 아이는 한 권의 책에서 시작해서 같은 작가의 다양한 책들, 그리고 같은 분야의 여러 책을 스스로 찾게 될 수 있습니다.

(4) 자기주도 학습능력 키우기: 산출과정 거치기

부모님들은 아이가 학원에 가면 공부를 한다고 생각하지만 그렇지 않습니다. 정확히는 입력, 산출 중에 입력 활동만 하는 것입니다. 학업능력 향상을 위해서는 학교나 학원에서 수업하는 시간을 제외하고 혼자 공부하는 시간이 반드시 필요합니다. 학급 학생들을 조사해 보면 통상 3분의 1 정도가 시험 기간이 아닌 때 학원 시간을 제외하고 혼자 공부하는 시간이 하루에 1시간도 안 됐습니다. 많은 학생이 10시가 넘는 시간까지 학원에 있다는 것을 생각하면 너무나도 안타까운 결과입니다.

공부에서 산출 활동은 소극적으로는 교과서를 읽고 핵심 내용에 줄 긋기 및 정리하기, 문제 풀기 등이 있으며 적극적으로는 내용 설명하기, 문제 출제하기 등이 있습니다. 필자는 평소 수업 시간에 이러한 적극적 산출 과정을 수업에 적용하고 있습니다. 고등학교 재직 중일 때는 매시간 수업하고 마지막에 관련된 수능 기출문제를 한두 문제 정도 풀고 학생들이 스스로 설명하게끔 했습니다. 비록 소극적 산출 과정이지만 이것만 해도 사회탐구 영역 성취도는 매우 올라갑니다. 당시 필자가 가르친 과목은 타 과목에 비해 1등급이 월등히 많았는데 매 수업 마지막에 풀었던 수능 기출 문제 2개의 효과였다고 확신합니다.

중학교 1학년 학급 담임을 할 때는 매일 새롭게 배운 것을 3가지씩 말하게 했습니다. 번호 순서대로 돌아가면서 적고 종례 시간에 발표하는 식입니다. 이렇게 하는 이유는 '에빙하우스의 망각곡선' 연구에 따른 것입니다.

에빙하우스Hermann Ebbinghaus는 1885년에 자신의 연구를 통해 망각곡선을 발견하였습니다. 그의 연구 결과에서 나타난 망각곡선은 초기 학습 후 정보가 빠르게 잊힘을 나타내며, 그 후 일정 시간 동안 상대적으로 안정된 상태로 유지됩니다. 하지만 반복적인 복습을 통해 학습한 내용을 일정 간격으로 되새기면, 망각 속도가 줄어들고 학습 내용을 오랫동안 유지할 수 있는 장기 기억으로 전환됩니다.

따라서 학습 과정에서 중요한 개념이나 지식을 오랫동안 유지하기 위해서는 적절한 타이밍과 방법으로 반복 학습 및 복원 연습을 하는 것이 중요합니다. 종례 시간에 그날 배운 것 3가지 말하기가 이러한 반복 학습 및 복원 연습의 과정이라 할 수 있습니다. 이렇게 말하다 보면 발표를 듣는 다른 친구들도 그날 배운 내용들을 되돌아볼 수 있게 됩니다.

이를 가정에서는 어떻게 할 수 있을까요? 꼭 교과 내용이 아니더라도 함께 책을 읽거나 영화를 본 후에 퀴즈를 내는 식으로 할 수 있습니다. 만약 〈엘리멘탈〉이란 영화를 함께 봤으면 영화 보고 난 후 퀴즈를 냅니다.

"우리 본 영화와 관련해서 진진가 게임을 하자. 진진가 게임은 진짜 2개, 가짜 1개인데 이중 가짜를 맞추는 거야. 1번! 엘리멘탈에 나온 도시는 원소기호를 본떠서 만들었다. 2번! 물과 불 원소 중 물이 이민자를 뜻하는 것이다. 3번! 엘리멘탈의 감독은 한국계 미국인이다."

이런 식으로 가볍게 시작해서 아이들이 흥미를 보이면 교과 내용으로까지 확장합니다. 처음부터 무리해서 학업 내용으로 진진가를 시작하지 않습니다. (물론 아이가 거부하지 않는다면 가능합니다.) 학업 내용 진진가 게임이 가능한 단계가 오면 부모가 교과서를 보면서 문제를 내고, 당연히 아이들도 문제를 출제하면 부모가 맞춰야 합니다. 이때 부모가 틀리면 아이는 더 신나서 설명을 해주려고 할 것입니다. 유의할 점은 자녀가 진실인 문장이 정답인 이유를 밝혀야 한다는 점입니다. 구체적이거나 논리적이지 않아도 좋습니다. 혹시 그냥 찍은 거라고 말해도 좋지만, 브레인스토밍한다는 측면에서 이유를 밝히게 하면 더 효과가 좋을 것입니다.

진진가 게임이 더 발전하면 저녁 먹으면서 그날 배운 것을 3가지씩 말하게 합니다. 우선 부모가 먼저 말해야 합니다. 직장 생활을 하는 부모라면 그날 업무를 하면서 새롭게 느낀 점을 말하거나, 전업주부라면 집안일 하면서 느낀 점, 또는 운동하면서 새롭게 시도한 일들을 자녀에게 먼저 말합니다. 자녀가 처음에는 생각나는 게 없다거나 1개 정도만 말할 수도 있습니다. 당연한 결과입니다. 수업 시간에 학생들도 처음에는 잘 못했지만, 자꾸 하다 보면 익숙해지고 잘하게 됩니다. 처음에는 1개만 이야기해도 칭찬해 줘야 합니다. 그러면서 내일은 기억에 남는 거 2~3개 정도 말해보자고 하면 아이가 의식적으로 더 기억하고 말해보려고 노력합니다.

이 밖에도 아이들과 직간접적으로 연관된 사회의 다양한 주제를 통해서 대화를 시도하면 좋습니다. 이를테면 청소년의 하루 적정 핸드폰 사용 시간이나 아이들이 당면한 고교학점제에 대해, 요즘 아이들의 문해력이 문제라고 하는데 정말 그런가에 대해 다양한 이야기를 해보면 좋습니다. 따로 시간 내기 어려우니 저녁을 같이 먹으면서 하면 가장 좋습니다. 유의할 점은 부모의 조언이나 잔소리가 개입되면 안 된다는 것입니다. 아이의 다양한 의견을 듣고 부모 역시 자신의 의견을 말해야 합니다.

이런 산출식 공부는 새로운 대입 체제에서 더욱 중요해집니다. 2028학년도 대입수능개편안에 따르면 교육부는 지식 암기 위주의 평가는 지양, 사고력과 문제해결력을 평가할 수 있는 논·서술형 평가를 강화하는 방향으로 나아가겠다고 밝혔습니다. 학교 시험은 이제 객관식 평가를 지양하는 동시에 단순히 답을 묻는 문제가 아니라 논리적인 근거를 제시하여 자기 생각을 작성하는 서술·논술형 형태로 평가하도록 하고 있습니다. 또한 대입에서 '구술면접'이 강화될 수 있습니다. 현재도 수시모집에서 면접을 잘 봐 다소 부족한 생활기록부 성적으로 뒤집고 합격한 사례도 많습니다. 상위권 대학들의 제시문 면접도 구술면접을 잘하는 학생이 유리합니다.

구시대 공부법이 듣거나 읽는 것, 즉 입력 위주의 공부였다면 이제 새 시대 우리 아이들은 쓰고 말하는 산출 위주의 공부를 할 수 있어야 합니다. 이렇게 아는 것을 말하고 조합하는 과정을 통해서 21세기에 필수적인 의사소통 역량도 갖추게 됩니다.

이러한 자기주도적 공부는 당장 시험에도 도움이 되지만 아이가 살아가면서도 큰 힘이 됩니다. 앞으로의 세대는 자기주도학습이 더욱 중요해집니다. 우리 아이들이 살아가게 될 세대는 고정적인 직업이 아니라 삶의 단계에 따라 다양한 직업을 가질 수도 있습니다. 따라서 유연한 생각을 하고 끊임없이 배우는 태도가 어느 세대보다 중요합니다. 마크 맥크린들 외 2명이 쓴 《알파의 시대》에 다음과 같은 내용이 나옵니다.

비록 과목의 선택이 아동의 학교 경험과 미래에 중요할지라도, 무엇보다 중요한 것은 알파 세대에게 학구열을 불러일으키는 것이다.

알파 세대는 어려서부터 기술적 진보를 경험하며 자라나는 세대로, 2010년 이후에 출생한 이들을 지칭합니다. 인공지능과 로봇 등 기술적 진보에 익숙한 우리 자녀 세대들이 이에 해당합니다. 우리 아이들은 대학을 졸업하고 취업한 이후에도 새로운 직장을 가지게 될 가능성이 큽니다. 이런 아이들에게 지속해서 성장하고 발전하고 싶은 의욕을 불러일으키는 것이 중요합니다. 부모가 의욕을 강화하는 작업을 조력한다면 자녀가 평생 살아가는 데 있어 가장 필요한 진로 역량을 기를 수 있습니다.

(5) 선행학습: 10주를 공략하라!

선행은 필수라는 인식이 있어서 결국 어느 정도 하는 게 좋을지가 고민인 지점입니다. 특히 특목고나 자립형 사립고, 영재학교를 지망하는 학부모들 사이에서는 중학교부터 고등 수학이나 영어를 완료하며 몇 번을 반복하는 게 맞는지를 고민하십니다.

20년 경력의 중학교 현직 교사가 생각하는 선행 수준은 '10주'입니다. 저는 3학년 기말고사 전까지는 현재 진도에 충실하고 이후에 선행을 시작하라고 권합니다. 참고로 현재 중학교 시험은 성취 및 절대평가이기에 어렵게 출제하진 않고 가능한 한 기본적인 수준에서 출제하는 편입니다. 그래서 중학교 학업성취는 조금만 노력하면 높은 성적을 받는 게 크게 어렵지 않습니다. 소위 학군이 좋은 지역에서 근무할 때 중학교 3학년 학생들이 학원 숙제로 내준 고등학교 수학 참고서를 들고 다니는 것을 자주 보았습니다. 하지만 살펴보면 이 학생들의 고등학교 진학 후 수학 성적이 그리 높지 않은 경우가 많았습니다. 중학교 때 한 고등학교 선행학습이 고등학교 학업성취도로 반드시 직결되지는 않습니다.

물론 아이의 영어, 수학 실력이 객관적으로 보기에도 탁월하다면 수준에 따라 적게는 한 학기, 많게는 3년까지 선행을 할 수도 있습니다. 하지만 평범한 수준의 학생이라면 3학년 기말고사 이후에 본격적으로 준비하면 됩니다. 대부분 학교에서 3학년 기말고사를 1, 2학년보다 앞서 11월 말경에 봅니다. 학생들이 고등학교 과정을 미리 준비할 수 있는 시간이 12월, 1월, 2월 이렇게 석 달 정도입니다. 하지만 시험을 치고 일주일 정도, 크리스마스 시즌, 설 명절, 겨울 방학 여행 1주일 등을 제외하고 나면 실제 공부할 수 있는 시간은 10주 정도라고 봐도 무방합니다.

학생들에게 10주의 계획을 잡고 그 기간 고등 과정을 미리 준비하라고 합니다. 이 기간에 고등 수학 과정을 준비하고 영어 문법 및 독해를 합니다. 그리고 남는 시간 책을 읽으면 충분히 뜻깊은 10주를 보낼 수 있습니다. 10주 동안 영어와 수학에 주력하고, 사회 및 과학과 관련된 탐구 영역은 이 기간엔 따로 공부하지 않습니다. 영어와 수학을 몰입해서 공부하고 틈틈이 다양한 책을 읽습니다. 일전에 고등학교 재직하면서 많은 학생과 상담한 결과, 이 정도의 준비만으로도 충분하다고 결론 내렸습니다.

10주가 너무 짧지 않냐고 할 수도 있지만, 제대로 공부하면 고등 1학년 1학기 과정 중반 이상까지 어느 정도 예습이 가능합니다. 10주간 학원에 다닐 수도 있고, 인터넷 강의를 들을 수도 있습니다. 앞에서 언급된 EBS 강의 활용도 좋습니다. 아이에게 잘 맞는 방식을 활용하면 됩니다. 아이가 혼자 있으면 공부를 안 한다고 해서 소위 말하는 '관리'해 준다는 비싼 종합학원에 보내서 돈만 버리는 사례도 많이 보았습니다. 아예 안 하는 것보다는 좋지만, 이런 경우라도 부모 역시 아이가 어느 정도 하고 있는지 학원에만 맡기지 말고 확인을 해야 합니다. 현재 다니는 학원이 아이의 수준에 맞는지 어려운 점은 없는지 잘 살펴봐야 합니다.

선행에 관한 생각도 아이와 이야기를 미리 해보는 것이 좋습니다. 아직 중학교 과정도 잘 이해하지 못했는데 단순히 불안해서, 남들이 다 하는 것이니까 선행하는 것이라면 아이의 스트레스를 가중합니다. 그렇다면 아이의 수준이 어느 정도일 때 선행이 가능한 걸까요? 수학 성적을 기준으로 생각하면 하나에서 두 개 정도 틀리는 성적이면 한 학기에서 한 학년 정도 선행이 가능하다고 생각합니다. 이는 많은 수학 선생님의 조언을 듣고 내린 결론입니다. 현재 수학 성적이 90점이 넘지 않는다면 아이와 의논해서 수학을 충실히 복습하는 게 우선이고 이후 선행을 하는 것이 좋습니다. 부모가 내 아이와 관련해서는 가장 전문가입니다. 조금만 더 객관적으로 보려고 노력하면 내 아이에게 정말 필요한 게 뭘지 선생님들보다 훨씬 더 잘 파악할 수 있습니다.

가정에 여유가 있으면 물론 고가의 사교육을 받아도 무방합니다만 나중에 학생 성적이 기대한 만큼 오르지 않아도 학생을 비난하지 않아야 합니다, 비싼 학원에 아이를 보내는 건 부모의 욕심일 뿐입니다. 투자 대비 성과를 운운하는 마음이라면 이게 자녀를 위한 마음인지, 부모님의 욕심과 투자한 본전이 아까운 마음인지 구분하셔야 합니다.

(6) 기본으로 돌아가라!

우리 아이들을 보면 참 안쓰럽다는 생각도 듭니다. 고교학점제라는 격변의 입시제도를 마주하는 게 얼마나 혼란스럽고 힘들까 하는 생각과 안타까움도 크고, 알아야 할 것들이 많고 선택을 강요받는 것이 아니냐는 생각도 듭니다.

2028학년도 대입 개편안에 따르면 고교 내신은 기존 9등급에서 5등급으로 바뀌고 절대평가와 상대평가 등급을 함께 기록하기로 했습니다. 또 과목 선택에 따른 유불리 등 부작용을 없애기 위해, 2028학년도 수능부터 선택 과목을 없애고 공통국어, 공통수학, 탐구영역은 통합사회와 통합과학으로 시험을 치르게 됩니다. 새로운 입시제도의 대략적인 지향점은 융합적인 학습을 유도하여 문·이과의 구분을 허물며, 또한 논술 서술형 시험의 비율이 높아짐과 동시에 과정형 수행평가가 더욱 중요해질 가능성이 있습니다.

일단은 입시의 기본을 이해해야 합니다. 입시의 기본은 전반적으로 우수한 학업 역량이 대입에 도움이 된다는 점입니다. 고교학점제라고 해서 거창한 과목 선택이나 전공과 관련된 특별한 활동을 꼭 할 필요가 없다는 것이 많은 입시 전문가의 견해입니다.

예를 들어보겠습니다. 요즘 대세인 인공지능학과 지망을 희망하는 두 학생이 있습니다. A 학생은 수학 성적이 낮고 미적분을 선택하지 않았지만, 컴퓨터 동아리 활동을 꾸준히 해왔으며 다양한 체험을 위해 교내 활동으로 IT 관련 활동을 꾸준히 하면서 진로 탐색을 했습니다. B 학생의 경우는 수학과 물리 교과를 선택해서 우수한 성적을 거두고 심지어 미적분에서는 탁월한 성적을 냈습니다. 그리고 수업 시간에 문제 해결과 관련된 여러 활동을 한 내용이 생활기록부에 기록되어 있습니다.

대학에서는 어떤 학생을 더 선호할까요? 많은 입학사정관과 교수님들은 B 학생을 눈여겨볼 것이라고 말합니다. 인공지능학과 즉 IT 계열 학과의 기초 소양은 수학이기 때문입니다. 따라서 관련된 과외 활동을 많이 한 학생보다는 계열과 같이 큰 틀만 정해져 있으면서 보통 교과 과목에 학업 기초 소양을 잘 갖추는 것이 우선입니다. 어렵고 거창한 과목 선택이나 생활기록부 기록을 위해서 무리하게 양만 채운 체험 활동을 하면서 스트레스를 받기보다 우선 고등학교 교육과정을 정상적으로 밟으며 교과 공부를 열심히 해야 합니다. 우수한 학업 역량 위에 관련 분야 진로체험 활동을 한다면 금상첨화이고 소위 말하는 명문대학교 학생부종합전형에서 이런 학생들이 우선 선발되고 있습니다.

만약 특정 분야에 대한 호기심이 없고 잠재력을 가진 분야가 무엇인지 모른다면 이것을 찾기 위해서라도 현재의 교과 공부에 충실함이 진로 탐색의 첫 단추이며 기본입니다.

5 부모, 우리의 마음가짐

사랑할 수 있다는 것은 모든 것을 할 수 있다는 것이다.
-안톤 체호프

신규 시절부터 매년 교과서 첫 페이지에 적어두었던 글입니다. 학생들을 사랑하는 마음이라면 무엇이든 할 수 있다고 생각하며 힘들 때마다 이 글을 보며 마음을 다잡습니다. 자녀를 바라보는 부모님들 역시 이러한 마음입니다. 우리는 자녀를 사랑하기에 무엇이든 할 각오를 다지는 '부모'

입니다. 자녀를 위해 무엇이든 할 수 있지만 행동하기 위해서는 방향성이 있어야 합니다. 부모님은 아이를 어떻게 키우고 싶으신가요?

사회적으로 성공한 사람, 따뜻하게 배려하며 다른 이들과 잘 어울리는 사람, 주어진 것에 감사하며 어떤 상황도 긍정적으로 해결할 수 있다는 믿음을 가진 사람, 자기 일에 성실하고 끈기 있게 노력하면 된다는 믿음을 가진 사람, 운동을 즐기고 몸도 마음도 건강하고 생기 있으며 밝은 사람, 자기 주도적이며 책임감 있고 하고 싶은 일과 공부를 즐겁게 하는 사람, 서로에게 선한 영향을 주는 친구들과 깊은 우정을 나누며 사회에 이바지하는 사람.

위에 나열된 이상적인 자녀의 미래 모습 중 부모님께서 생각하시는 양육의 장기 목표가 있으리라 생각합니다. 이 책을 읽으며 양육의 장기 목표를 다시 한번 되새겨 보면 좋겠습니다. 한 아이를 키우는 과정은 많은 공부와 노력, 불안함을 동반하는 과정입니다. 이런저런 것들을 아이에게 시도하고 노력해 보면서 실패도 겪어보고 부모 역시 아이와 함께 성장하게 됩니다. 이러한 과정에서 사춘기 자녀들과의 여러 가지 시도는 반드시 대화를 통해서 해나가야 시행착오를 조금이라도 줄여나갈 수 있습니다.

아이에게 맞는 다양한 시도를 하다 보면 반드시 아이도 나도 성장했다고 생각되는 순간들이 있습니다. 여기에 소개한 여러 방법은 게으르고 체력이 좋지 않은 필자 역시 할 수 있었던 방법입니다. 그렇기에 여러분도 반드시 할 수 있습니다. 고교학점제 시대, 우리 모든 아이가 꿈과 끼를 키우며 좋아하는 일을 하면서 행복하게 사는 날이 오길 간절히 바랍니다.

참고하면 좋은 자료

>>─○ 커리어넷: www.career.go.kr

회원가입만 하면 각종 검사들을 무료로 할 수 있습니다. 먼저 회원가입 및 필요한 정보를 입력하여 프로필을 작성합니다. 자녀의 관심 분야, 장점, 성격 등을 상세히 기재하여 정확한 진로 탐색을 위한 기반을 마련합니다. 커리어넷 내에서 제공되는 자기 탐색 도구와 검사를 활용하여 자녀의 관심 분야와 잠재력을 파악합니다. 결과를 바탕으로 자녀와 함께 다양한 직업군과 관련된 정보를 탐구하고 이야기를 나눠봅니다.

커리어넷에는 검사 이외에도 각 직업의 업무 내용, 필요한 기술과 교육 경로, 전망 등에 대해 알아볼 수 있습니다. 또한 일부 유명 인사나 성공 사례들의 인터뷰나 체험담도 최신 자료를 포함해 다양하게 실려 있습니다. 상담이 필요한 경우는 진로 상담 탭을 통해서 개별 상담이 가능하니 참고하시면 자녀의 진로 선택에 도움이 될 것입니다.

>>─○ 질문카드: 가족과 함께하는 사랑의 지도

HD행복연구소(https://handanfamily.co.kr/)의 상담도구 구매스토어에 들어가면 '가족과 함께하는 사랑의 지도'라는 질문카드가 있습니다. '좋아하는 책, 우주 여행한다면 같이 가고 싶은 사람' 등 다양한 질문들이 플라스틱 카드로 구성돼 있어 장기간 보관하기도 용이합니다. 두 명이 함께 할 경우 질문카드를 뽑고 스스로 답을 해도 좋고 상대방에게 질문하거나 상대방의 대답을 추측해도 좋습니다.

예를 들어, '가장 좋아하는 운동' 카드를 뽑고, "내 생각에는 네가 좋아하는 운동은 피구인 것 같은데 맞니?"라고 물은 후에 맞으면 넘어가고 아니면 "그럼 네가 가장 좋아하는 운동은 무엇이니?"라고 다시 질문하는 식으로 넘어갑니다. 중학교 3학년 반 학생들과 3월 초에 집단상담을 할 때도 잘 활용한 카드이므로 아마 서먹한 사춘기 자녀들과 소통할 때도 유용하게 쓰이리라 생각합니다.

커리어스택-젠가게임

심리검사 관련 교구를 만드는 '마인드프레스'라는 회사에 개발한 진로 젠가 게임입니다. 일반 젠가 게임과 게임 룰이 같습니다. 스택을 쌓고 한 사람씩 돌아가면서 스택을 뽑습니다. 젠가 게임과 다른 점은 진로와 관련한 질문이 적혀 있다는 것입니다. 질문을 읽고 답을 하는데 답을 제대로 했다고 생각하면 종이코인을 획득하고 답변이 불성실하거나 답을 회피하면 기존의 가진 코인(게임 전에 기본 코인을 나눠줌)을 뺏습니다. 스택을 무너뜨려도 코인을 내놓아야 합니다. 코인을 많이 가진 사람이 승리합니다.

진로에 대한 질문을 자연스럽게 하면서 가족끼리 즐겁게 시간을 보낼 수 있습니다.

추천도서

《그래서요, 내 성격이 뭔데요?》(앨리스 하먼, 위즈덤 하우스)

우리는 모두 각자 독특한 성격과 잠재력을 가지고 있습니다. 종종 우리 자신의 성격과 이에 맞는 적합한 진로를 찾기 위해 어려움을 갖기도 합니다. 위 책은 이런 고민을 해결하고자 하는 사람들을 위해 가벼운 심리 테스트를 제공합니다.

이 책에는 성격 유형 테스트, 성격 특성 테스트, 충동성 테스트, 공감도 테스트, 불안도 테스트, 언어 추론 능력 검사, 수학적 추론 능력 검사, 공간 지각력 검사 등 20가지 심리 테스트가 실려있습니다. 정말 예쁜 그림들이 실려있어 중·고등학생은 물론 초등학생들도 즐겁게 할 수 있습니다.

징검다리:
중학교에서 고등학교로

조설아 교사

초등학교와 중학교는 고교학점제에 필요한 역량을 다지며 기본 습관 (자기주도성, 진로 역량, 학업 역량)을 기르는 시기입니다. 고등학교는 이와 더불어 본격적인 대입이나 취업을 준비하는 시기이며 바야흐로 학생들은 고교학점제를 경험합니다.

중학교 파트에서 선행에 대해 언급된 부분이 있는데 이는 고등학교에 서도 마찬가지입니다. 주변 수학 선생님들께 적당한 예습의 양을 여쭤보 면 평균적으로 '약 한 학기 정도'라고 답변이 돌아옵니다. 중학교 파트에 10주를 말씀하셨지요. 한 학기가 16주인데 시험 기간과 행사 기간을 제외 하면 약 10주 정도의 예습이 딱 어울리는 것 같습니다만, 수학성적이 뛰 어난 경우 예습은 얼마든지 가능합니다.

고등학교 교사로서 중학교에서 고등학교로 이행하는 시기 겨울방학에 꼭 해야 할 일을 꼽으라면 국어, 영어, 수학, 사회, 과학 기초 교과를 중심 으로 중학교 과정에서 배웠던 것을 복습하라는 점입니다. 이는 모든 교과 지식을 완벽하게 꿰뚫고 진학하라는 의미는 아니고 1등급을 하기 위해 중 학교 지식을 복습하라는 것도 아닙니다. 어떤 성적대의 학생이든 고등학교 수업을 들으며 최소한 흥미를 잃어버리지 않기 위한 보완책을 마련했으면 하는 의미입니다. 고등학교라는 곳에 들어오면 학업적인 측면에서 최소한 한 계단을 올라가야 하는데 그 한 계단조차 올라서지 못하고 방황하는 학생들이 꽤 많기 때문입니다.

학년이 올라갈 때마다 교과서를 버리는 학생들을 보며 조금 안타깝다는 생각이 들었습니다. 교과서는 지식의 기초 뼈대를 잘 이해할 수 있게 최적화된 구조로 내용을 전달하는 자료로써 문제집이나 참고서보다 더 중요하고 근본적인 교재입니다. 21년 차 교사가 쓴《교과서는 사교육보다 강하다》를 읽어보면 다른 어떤 자료보다 교과서를 활용한 학습이 아이가 지치지 않고 공부를 잘 할 수 있는 비결이라는 내용이 담겨 있습니다. 다른 문제집을 더 풀기보다 국·영·수사과 교과서는 버리지 말고 잘 간직하고 있다가 필요할 때 꺼내 읽었으면 합니다. 특히 상위권이 아닌 중하위권 학생이라면 너무 욕심부리지 말고 교과서를 읽으며 개념 정리부터 해야 합니다. 중학교 개념 정리도 안 된 상태에서 고등학교 지식을 배우는 건 모래 위에 집을 쌓는 것과 같은 행위입니다.

가끔 '수학'에 대한 부담감으로 정기고사 준비 기간에 수학 공부에만 매달리다가 다른 과목 공부를 충분히 하지 못해 전체 평균등급이 잘 나오지 않는 현상들을 목격합니다. 중학교 개념을 확실히 이해한 상태에서 고등학교 수학에 대한 준비가 필요합니다. 수학은 한꺼번에 점수가 오르는 과목이 아니기 때문에 혹시 수학 점수가 낮은 학생이 있다면 조급함을 내려놓고 기본부터 충실할 것을 권합니다.

'영어' 중하위권 학생들과 상담하면 대부분 중학교 때부터 외워야 할 단어 암기가 절대적으로 부족함을 시인합니다. 방학 동안 중학교 수준의 영어단어 암기를 잘해놓아야 합니다. 단어 암기가 부족하지 않은데 영어 성적이 오르지 않고 특정 유형의 문제를 틀린다면 이 유형 패턴 문제를 반복적으로 풀어보면서 실수하는 부분을 찾아내서 해결해야 합니다.

요즘 학생들이 문해력이 부족하여 사회나 과학 교과서 지문을 이해하지 못하는 경우도 발생합니다. 《사회교과 문해력을 높이는 개념어 교실》, 《공부 기본기 중학사회 개념 어휘력》과 같은 책은 사회교과에서 많이 나오는 개념들을 정리한 책입니다. 《공부 기본기 중학과학 개념 어휘력》과 같은 책도 있습니다. 여기서 언급한 도서가 아니더라도 '사회교과 개념', '과학교과 개념'과 같은 검색어로 관련 도서를 찾을 수 있으니 맘에 드는 걸 선택하여 읽어보면 됩니다. 사회·과학교과에 나오는 단어들은 사실상 어휘력 차원과 더불어 개념어 정의를 제대로 알고 이해하는 것이 우선이기 때문입니다. 국어 전반의 어휘력을 올리려면 '국어 어휘력'이라는 검색어를 넣으면 많은 책이 있으니 수준에 맞는 것을 골라 공부하면 됩니다.

구체적인 직업까지 생각해 볼 필요는 없지만 적어도 다양한 진로 분야 중 자신과 잘 맞을 것 같은 분야와 관심 있는 분야가 무엇인지 생각하고 고등학교에 진학하길 바랍니다. 대부분 현재 제도에서는 고1 입학 직후 3월에 적성과 흥미에 맞는 동아리를 선택하고, 8월 전후로 2학년에 배울 과목을 선택하기 때문에 중학교 3학년 겨울방학에 진로에 대한 탐색을 하길 바랍니다.

4장

고등학교: 고교학점제 대항해

조설아 교사

1 고교학점제 생활 엿보기

(1) 일반적인 일과

학교마다 상황은 조금씩 다릅니다만 평균적인 일반계 고등학교 생활은 이렇습니다. 8시 40분이나 8시 50분부터 1교시가 시작합니다. 중학교보다 일찍 시작하는 이유는 배우는 과목도 많아지고 한 교시의 시간도 45분에서 50분으로 늘어나기 때문입니다. 6교시, 7교시까지의 생활은 시간표대로 생활합니다. 이때까지는 중학교와 큰 차이가 없습니다.

7교시를 마치면 보통은 오후 4시 30분이고 청소를 끝낸 후에 종례합니다. 바로 집으로 가는 학생들도 있지만 방과후학교 수업을 신청한 학생들은 석식 시간 전까지 방과후수업을 듣습니다. 혹은 오후 자습(야간 자습이 아님)을 신청한 학생들은 자습만 하기도 합니다.

석식은 학교마다 다르지만, 오후 6시에서 6시 30분 사이에 시작합니다. 야간자율학습(줄여서 '야자')을 하는 학생들은 석식 이후 야자를 하고 집에 갑니다. 야자는 보통 학교 운행 시정에 따라 밤 9시 30분~10시 사이에 종료됩니다. 오후 자습이나 야간자율학습, 방과후수업을 요일마다 다르게 선택할 수 있습니다. 만약 본인이 월요일과 수요일 저녁에 학원에 간다면 그 요일만 빼고 야자를 신청할 수도 있습니다.

(2) 시간표 구성

시간표 예시안을 보면서 학생들이 어떤 과목을 배우고 어떻게 생활하는지 알아보겠습니다.

	월	화	수	목	금
1	공통수학	공통영어	진로와직업	공통영어	통합과학
2	체육	통합사회	과학탐구 실험	한국사	공통수학
3	통합과학	공통수학	한국사	공통국어	통합과학
4	통합사회	통합과학	공통영어	음악	공통국어
5	공통영어	한국사	체육	공통국어	통합사회
6	공통국어	음악	공통수학	통합사회	**공강**
7	**공강**	창의적 체험활동	**공강**	창의적 체험활동	창의적 체험활동

위 시간표는 2025년 고등학교의 1학년 어떤 학급 시간표를 상상하여 구성한 것입니다. 1학년은 고교학점제 내에서 선택과목을 이수하지 않기 때문에 학급의 모든 학생이 같은 시간표 구성대로 수업을 듣습니다.

이 중, '공강'이 눈에 띕니다. 2025년 본격 도입에 앞서 2023년 신입생부터 고교학점제 이행기로서 수업량 적정화에 따라 2015 개정교육과정보다 수업이 감소하게 되었습니다. 총 12시간의 수업이 줄었는데 학기별로 따지면 총 3시간의 수업이 감소한 셈입니다. 이 줄어든 3시간을 공강시간이라고 표현합니다. 대학교 시간표의 공강 개념과 유사합니다. 공강은 그야말로 수업이 없는 시간입니다만 학교에서 자체적으로 계획을 세워 공강시간을 운영하기도 하고 학생 개인에게 자율성을 부여하는 곳도 있습니다.

고교학점제가 안착하면 2학년, 3학년 학생들은 개인에 따라 공강시간이 다르게 나올 수도 있습니다. 공강시간에 학생들이 머무를 수 있는 공간이 필요합니다. 그래서 학교공간 재구조화 사업을 통해 학생들이 공강시간을 유익하게 보낼 수 있는 공간을 구성하고 있는 학교들이 많습니다.

장기적인 측면에서 고교학점제가 안착이 되면 개인별 시간표라는 개념이 생기면서 개인공강 시간도 발생할 수 있기 때문에 공강은 단순히 '수업 안 하는' 시간이 아니라 학생 개인의 필요와 활용도에 따라 '유의미한' 시간이 될 수 있습니다.

고교학점제의 졸업 기준 이수 학점은 총 192학점입니다. 즉 3년간 192시간의 수업을 듣는 것입니다. 교과수업은 174학점, 창의적체험활동(비교과활동-자율·자치, 진로, 동아리) 18학점으로 이뤄집니다. 이는 한 학기당 32학점(교과 29학점, 창의적체험활동 3학점)을 채우는 구조입니다. 1학점은 1주일에 1시간(50분)을 듣는 수업량을 의미합니다. 그러므로 1주일에 32학점, 즉 32시간의 수업을 듣게 되는 셈입니다.

창의적체험활동은 일반 교과 학습을 하는 시간이 아닙니다. 현재 교육과정에서는 자율활동, 동아리 활동, 봉사활동, 진로활동으로 구성되어 있습니다. 자율활동은 학급 내 특색 활동이나, 자치활동을 하거나 정보화교육, 학교폭력과 성폭력 예방교육 등으로 이뤄집니다. 동아리활동은 관심 있는 활동반으로 가서 학년에 상관없이 섞여서 활동하는 시간입니다. 예를 들면, 농구반, 책쓰기반, 수학탐구반, 3D프린팅반, 생명의학탐구반, 영어토론반 등이 있습니다. 봉사활동은 교내 전체 봉사활동 시간이고 진로활동은 진로 탐색을 하는 시간입니다. 학교에서는 한 주의 요일마다 창의적체험활동을 배치해서 1년 치 계획을 세워놓기도 합니다. 2022 개정 교육과정, 즉 고교학점제가 도입되는 2025년부터는 봉사활동이 제외되고 자율이 자율·자치로 변경되었습니다. 즉 2025년 고1들은 자율·자치, 동아리, 진로로 구성됩니다.

	월	화	수	목	금
1	화법과 언어	세계사	지구과학	대수	영어 I
2	영어 I	대수	공강	생명과학	세계사
3	대수	생태와 환경	화법과 언어	세계사	화법과 언어
4	지구과학	영어 I	일본어회화	스포츠문화	일본어회화
5	미술감상과 비평	화법과 언어	스포츠문화	대수	지구과학
6	생명과학	세계사	생명과학	영어 I	미술감상과 비평
7	공강	창의적 체험활동	공강	창의적 체험활동	창의적 체험활동

위 시간표는 2026년 고등학교 2학년 학생의 시간표를 상상하여 구성한 것입니다. 학급이 아니라 학생의 개별 시간표라고 봐도 무방합니다. 만약 학교지정과목이 있다면 학교지정과목은 학급 친구들과 함께 듣고 학교 지정과목이 아닌 과목은 그 과목이 개설되는 교실을 찾아가서 수업을 들으면 됩니다. 현재 2학년, 3학년 학생들은 선택과목 시간에 이동하고 있습니다.

이런 모습을 상상하시면 됩니다. 만약 '영어Ⅰ'이 학교 지정과목이라면 학급에서 월요일 2교시, 화요일 4교시, 목요일 6교시, 금요일 1교시에는 학급에서 모두 영어Ⅰ 수업을 듣습니다. 그러나 '지구과학'이 개인 선택과목이라면 월요일 4교시에 위 학생은 '지구과학' 수업을 하는 교실로 이동

	월	화	수	목	금
1	미적분Ⅰ	역학과 에너지	지식재산 일반	확률과 통계	언어생활 탐구
2	영어독해와 작문	융합과학 탐구	공강	물질과 에너지	확률과 통계
3	언어생활 탐구	언어생활 탐구	물질과 에너지	수학과제 탐구	지식재산 일반
4	물질과 에너지	미적분Ⅰ	수학과제 탐구	영어독해와 작문	생애설계와 자립
5	융합과학 탐구	영어독해와 작문	생애설계와 자립	미적분Ⅰ	스포츠과학
6	역학과 에너지	수학과제 탐구	확률과 통계	역학과 에너지	융합과학 탐구
7	공강	창의적 체험활동	공강	창의적 체험활동	창의적 체험활동

합니다. 옆 짝꿍은 같은 시간에 '지구과학'이 아니라 '물리학'을 들을 수도 있고, 뒤에 앉은 친구는 '세계시민과 지리'를 들을 수도 있습니다.

위 시간표는 2027년 고등학교 3학년 학생의 시간표를 상상하여 구성한 것입니다. 현재 2023년 고등학교 3학년도 학급 친구들과 같이 듣는 수업은 창의적체험활동 시간 말고는 없습니다. 설령 학교 지정과목이 1~2개 존재한다고 해도 교사 수급 문제로 인해 분반으로 운영되기도 합니다. 2027년 고등학교 3학년도 별도의 학교지정과목을 제외하고는 한 학급 친구들과 같은 수업을 듣는 경우가 없습니다.

여기까지 읽은 학부모님들은 혼란을 느끼실 수 있습니다. 2015 개정 교육과정이 들어서면서부터 이미 고등학교 학생들은 위와 같은 시간표로 살아왔습니다.

이미 고등학교는 고교학점제가 시행되고 있다고 해도 과언이 아닙니다. 개인별로 시험과목도 다 다릅니다. A 학생과 B 학생이 배우는 과목 수는 같지만 지필시험 개수는 다를 수 있습니다. 과목에 따라 지필평가 없이 수행평가 100%로 평가를 하는 과목도 있을 수 있고, 기말고사만 실시하는 과목도 있기 때문입니다. A 학생이 지필시험을 보는 과목을 조금 더 선택했다면 시험 날 B 학생보다 많은 과목을 공부하고 준비해야 합니다.

(3) 학교의 진로교육

전국 대부분의 고등학교에는 진로전담교사가 배치되어 있습니다. 이분들은 학교에 '진로와 직업'이라는 교과가 있다면 '진로와 직업'을 가르칩니다. 만약 '진로와 직업'이 없다면 창의적체험활동의 진로시간 일부를 맡아 수업하실 수 있습니다. 대부분 학교에서는 고등학교 1학년의 진로진학 설계 교육이 중요하기 때문에 진로전담교사가 1학년 수업을 들어가는 경우가 많습니다.

지금의 학부모님이 학교에 다니실 때는 진로전담교사가 없었기 때문에 생소하게 여기실 수 있을 듯해 설명을 덧붙이겠습니다. 진로전담교사는 중·고등학교에 있는 진로 교과 담당교사로 진로상담을 하고 학교 진로교육과 행사를 주관하는 역할을 합니다. 초등학교에서는 진로업무를 담당하는 교사가 교과교사가 아닌 반면, 중·고등학교 진로전담교사는 국어교사, 영어교사처럼 진로교사라는 하나의 교과교사 지위를 가집니다. 중·고등학교 자녀의 진로진학에 대해 상담하고 싶다면 담임교사나 학교 진로진학상담부의 진로전담교사와 하시면 됩니다. 학교 홈페이지에서 진로상담실 전화번호를 확인할 수 있고 바로 진로부로 연결이 됩니다.

학생에 대한 진로진학 상담을 할 때 담임교사와 진로전담교사는 협업해서 하는 경우가 많습니다. 담임선생님과 먼저 상담하고 진로전담교사에서 2차로 상담하는 때도 있고 진로부로 바로 상담신청이 들어오면 사례에 따라 다양한 상담 일정이 진행됩니다.

'진로와 직업'이라는 과목과 창의적체험활동의 진로는 둘 다 진로교육을 한다는 측면에서는 같지만 생활기록부에서는 다르게 표현됩니다. '진로와 직업'은 교양교과군의 한 과목이기 때문에 학생들의 수업 활동 상황을 세부능력 및 특기사항으로 기록하게 됩니다. 창의적체험활동 진로는 진로선생님과 함께 한 활동 이외에 다양한 교내외 진로활동들, 담임선생님과의 상담 내용 등을 종합하여 담임선생님이 최종적으로 기록합니다. 즉 담임선생님이 창체 진로에 들어갈 내용을 수합한 뒤 학생의 진로에 대해 종합적으로 판단하시어 기록해 주십니다.

진로시간에는 주로 자기 자신의 흥미와 적성에 대해 파악하는 다양한 활동, 미래 세계의 변화와 직업의 종류, 대학 학과 탐색, 진학 관련 정보 탐색 등을 합니다. 다른 과목 수업 시간처럼 모둠활동, 동영상자료 시청, 보고서 작성, 발표, 프로젝트 형식 등의 수업을 합니다.

진로전담교사는 학생들의 진로 계발을 위해 다양한 교내 활동을 계획하고 운영합니다. 기본적으로 대학 전공에 대해 탐색할 수 있는 특강과 활동, 전문직업인 초청 특강, 기타 다양한 진로특강 및 체험활동을 창의적체험활동 시간이나 방과후를 이용하여 운영합니다. 그리고 점심시간이나 방과 후 시간을 이용해 상담을 신청한 학생들의 상담을 합니다. 또 다양한 교외 진로 관련 행사를 학생들에게 알리고 연계합니다.

요즘에는 진로 관련 다양한 행사나 활동을 반드시 진로부에서만 하는 건 아닙니다. 예를 들면 자연과학부에서 과학 관련 행사를 운영합니다. 과학 관련 전문가를 모셔 특강을 하기도 하고 실험 프로젝트를 진행하기도 합니다. 인문사회부에서도 인문 관련 행사를 진행합니다. 학년부에서 자체적으로 진로 관련 행사를 기획하기도 합니다. 이런 활동들은 대부분 생기부 창의적체험활동 진로란이나 자율란에 기록됩니다.

(4) 고등학교 첫 시험: 좌절 금지

대부분 고등학교 입학 후 처음 중간고사를 보고 실망을 합니다. 상대평가에 의한 성적산출이 이뤄져 중학교에 비해 고등학교 시험의 난이도가 올라가고 나보다 더 잘하는 학생들이 많으면 등급은 어쩔 수 없이 떨어집니다. 첫 시험이라 긴장하여 제 실력을 발휘하지 못하기도 합니다. 첫 시험 성적이 잘 나오지 않을 경우 무조건 등급을 올려야 한다는 생각에 압박감을 가질 수 있습니다. 그러나 아직 시작 단계이고 부족한 점을 보완하면서 공부를 해 나가는 수밖에 없습니다. 또 학생부종합전형은 단순히 수치로 환산된 등급만을 따지는 게 아니라 학생의 학업 역량, 태도, 과목선택, 인성 등의 영역을 종합적으로 판단하기 때문에 좌절하기는 이릅니다.

2025년 고등학교 과목들 성적 산출 체계는 다음과 같습니다.

기존의 상대평가 석차등급은 9등급 체계였으나 5등급제로 조정되었습니다. 1등급(10%), 2등급(24%,누적34%), 3등급(32%,누적66%), 4등급(24%,누적90%), 5등급(10%,누적100%)입니다. 생활기록부 성적표시는 절대평가(A~E)와 상대평가(1~5등급)를 병기합니다. 2학년, 3학년의 선택과목들 대다수는 석차등급이 매겨집니다.

그렇다면 절대평가 과목은 등급이 나오지 않으니 소홀히 해야 할까요?

구 분	절대평가		상대평가	통계정보		
	원점수	성취도	석차등급	성취도별 분포비율	과목평균	수강자수
보통교과	○	A·B·C·D·E	5등급	○	○	○
사회·과학 융합선택	○	A·B·C·D·E	–	○	○	○
체육·예술/ 과학탐구실험	–	A·B·C	–	–	–	–
교양	–	P	–	–	–	–
전문교과	○	A·B·C·D·E	5등급	○	○	○

일부 대학에서는 절대평가 과목 산출결과 비율, 이수 단위 등을 고려하여 등급화하기도 합니다. 게다가 학생부종합전형은 내신성적 이외에 과목선택과 과목세부능력 및 특기사항 등이 중요 요소이고 면접이 있는 학교는 면접 비중도 있기 때문에 등급만이 합격과 불합격을 가르는 절대적 요소라고는 보기 어렵습니다.

등급이 낮게 나왔다고 초조해하기보다는 시험의 본질인 무엇을 모르고 무엇을 더 공부해야 하는가에 초점을 맞추어 공부해 나가는 자세가 필요합니다. 엄밀히 따지면 학교 교육의 평가는 줄을 세우기 위함이 아닌 잘 배웠는지 확인하고 취약한 부분을 보완하기 위함에 목적을 둬야 합니다.

판단과 선택은 개인의 몫이지만 과외와 학원에만 의존하는 것은 자기주도력을 빼앗는 결과를 초래할 수 있습니다. 사교육도 어디까지나 자기주도력을 기르기 위한 중간 단계이자 수단의 역할을 해야 합니다.

고교학점제와 대입

현재 대입은 수시와 정시, 크게 2가지 전형으로 이뤄져 있습니다. 대학에서 학생들을 선발할 때 근거는 성적입니다. 수시는 고등학교에서 기록되는 생활기록부(내신성적 포함)를 갖고 학생을 선발하는 것이고 정시는 수능 점수 위주로 학생을 선발하는 것입니다. 즉 학교 내신을 위주로 선발하면 수시이고, 수능 점수 위주로 학생을 선발하면 정시라고 생각하시면 됩니다. 대입 용어들에 대해 더 자세하게 알고 싶으신 분들은 '대학어디가 사이트'에서 용어들을 확인하고 정확한 뜻도 찾아볼 수 있습니다.

대학어디가 사이트
-대입정보센터-대입제도안내-주요입시용어/대입용어사전

서울 주요 16개 대학이 정시 비율을 40%까지 올렸다고 하지만 여전히 수시의 비중이 높고 수도권의 대학들은 수시 중에서도 학생부종합전형으로 선발 인원이 많습니다.

학생부교과전형과 학생부종합전형이 수시의 대표적인 전형입니다. 교과전형은 생활기록부의 성적만 보고 선발하는 전형이고, 흔하게 학종이라 부르는 학생부종합전형은 생활기록부의 성적을 포함한 모든 내용을 살펴보고 선발하는 전형입니다. 두 가지 전형 모두 대학과 학과에 따라

구 분	학생부				수능		전체정원
	교과		종합				
	인원	비율(%)	인원	비율(%)	인원	비율(%)	
서울	12,219	14.8	26,263	31.8	30,558	37.0	82,656
수도권	27,020	20.7	37,714	28.9	42,782	32.8	130,372
지방	127,629	60.6	41,393	19.7	21,045	10.0	210,564

Ⅰ 출처: 2027학년도 EBS입시자료집

수능 최저조건이 있기도 하고 없기도 하며 면접 시행 여부도 다릅니다.

요즘 학종에서 교수님들과 입학사정관분들이 중점으로 보는 요소는 지원 학과에서 필요한 과목을 고교에서 배웠는지 여부와 학과 관련 과목 역량 수준입니다. 학종이 정성평가, 즉 성적만을 수치로 환산하여 보는 게 아닌 다양한 생활기록부의 내용과 가치 등을 중심으로 평가하는 것이다 보니 성적이 높은 학생도 떨어진 사례들이 있습니다. 이러다 보니 불공정하다는 소문이 돌곤 합니다. 하지만 입시지도를 하면서 입학사정관들의 강연을 듣고 학과 교수님들과 이야기를 나눠보며 고찰해 본 결과 '학종은 불공정하지 않다'라는 결론을 내리게 되었습니다.

극단적인 예시를 들어보겠습니다. A와 B, 둘 다 일반고 학생이고, 기계공학과 지원자들입니다. A는 평균등급 1.3, B는 평균등급 1.8이며 A는 과학 선택과목으로 생명과학과 지구과학만을 이수하였고, B는 물리, 화학, 지구과학 3개를 이수하였다고 합시다. 생기부의 다른 항목들은 평가 점수가 같고 위에서 제시한 조건만 다르다고 했을 때 교수님들과 입학사정관분들은 어떤 학생을 선발할까요?

여기서 교과전형과 학종의 차이가 드러납니다. 일반적인 교과전형이라면 성적이 높은 A가 선발됩니다. 그러나 학종이라면 기계공학과에 필요한 필수 과목인 물리와 화학을 이수한 학생이 선발됩니다. 1.3 등급 학생과 1.8 등급 학생의 지적수준이나 학업 역량 차이는 현실에서 보면 큰 차이가 없습니다. 고교학점제 시대의 출항과 더불어 이제 대입의 성공 첫 걸음은 과목선택에 있다고 단언할 수 있습니다. 다만 오해하지 마셔야 할 부분은 학종이라고 해서 마냥 성적이 낮은 학생이 생활기록부 활동만 많이 채우고 과목 선택만 적절하게 했다고 해서 상위권대학에 선발되는 것은 아니라는 겁니다.

그렇다면 학종 합격의 성적대를 어느 정도로 보면 될까요? 경희대학교 입학처 사이트에 들어가면 '수시'메뉴에서 '입시결과'라는 카테고리가 있습니다. 2023학년도 입학전형 통계를 클릭하고 파일을 여시면 다음과 같은 자료를 보실 수 있습니다.

2023학년도 당시 교과전형에서 지방 고등학교 학생들이 대상인 지역균형전형을 보면 O는 합격이고 X는 불합격입니다. 성적이 높은 학생들이 대부분 합격했다고 볼 수 있습니다. 당시 경희대는 교과전형에서 출결과 봉사를 점수로 환산하여 반영하였기 때문에 이 부분에서 감점이 발생했을 확률이 있고 교과종합평가라고 해서 교과세부능력 및 특기사항도 평가요소였으므로 이 부분도 당락에 일부 영향을 끼쳤을 수 있습니다. 하지만 지역균형전형은 학교별 추천인원에 제한이 있고 경희대 정도를 지망하는 지방 일반고 학생이라면 학생부종합전형 준비도 병행했을 가능성이 있기에 성적이 좋은데 교과전형에서 불합격일 경우 수능 최저미충족일 가능성이 크다고 추측해볼 수 있습니다.

경희대 전형 결과

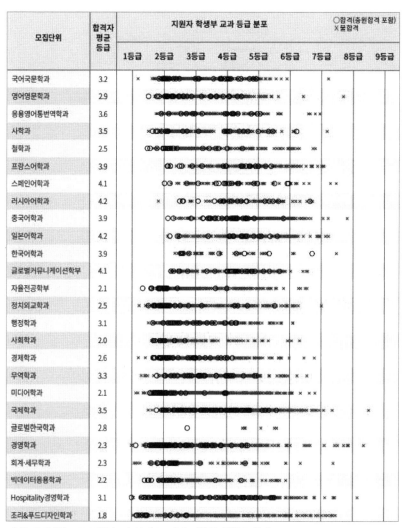

모집단위	합격자 평균 등급	지원자 학생부 교과 등급 분포 ○합격(충원합격 포함) ×불합격
국어국문학과	3.2	
영어영문학과	2.9	
응용영어통번역학과	3.6	
사학과	3.5	
철학과	2.5	
프랑스어학과	3.9	
스페인어학과	4.1	
러시아어학과	4.2	
중국어학과	3.9	
일본어학과	4.2	
한국어학과	3.9	
글로벌커뮤니케이션학부	4.1	
자율전공학부	2.1	
정치외교학과	2.5	
행정학과	3.1	
사회학과	2.0	
경제학과	2.6	
무역학과	3.3	
미디어학과	2.1	
국제학과	3.5	
글로벌한국학과	2.8	
경영학과	2.3	
회계·세무학과	2.3	
빅데이터응용학과	2.2	
Hospitality경영학과	3.1	
조리&푸드디자인학과	1.8	

▌ 출처: 경희대학교, 2023학년도 수시 네오르네상스(학종)전형(일부학과)

모집단위	합격자 평균 등급	지원자 학생부 교과 등급 분포 ○합격(충원합격 포함) X 불합격								
		1등급	2등급	3등급	4등급	5등급	6등급	7등급	8등급	9등급
국어국문학과	1.6									
영어영문학과	1.6									
응용영어통번역학과	1.8									
사학과	1.6									
철학과	1.8									
프랑스어학과	2.1									
스페인어학과	2.3									
러시아어학과	2.1									
중국어학과	2.2									
일본어학과	2.1									
한국어학과	2.3									
글로벌커뮤니케이션학부	2.0									
자율전공학부	1.5									
정치외교학과	1.5									
행정학과	1.5									
사회학과	1.6									
경제학과	1.7									
무역학과	1.9									
미디어학과	1.5									
국제학과	1.9									
경영학과	1.5									
회계·세무학과	1.6									
빅데이터응용학과	1.7									
Hospitality경영학과	1.7									
조리&푸드디자인학과	2.0									

▎출처: 경희대학교, 2023학년도 수시 교과 전형 일부학과

이제 차이가 보이시나요? 같은 학과여도 교과와 학종의 합격 등급의 차이가 있음이 보입니다. 심지어 성적이 높아도 불합격한 사례들이 여럿 보입니다. 국어국문학과의 경우 교과 수시 합격 평균이 1.6이지만 학

종은 3.2입니다. 학종의 지원자 합격권은 교과전형보다 넓습니다. 교과전형은 내신 경쟁이다 보니 주로 일반고 학생들이 대부분 지원합니다만 학종은 내신은 좀 낮지만 생기부에 자신이 있는 자사고, 특목고 학생들은 무조건 지원합니다. 또 일반고 학생들 중 학종준비를 한 학생들도 지원하지요. 수도권 대학들의 학종과 교과전형의 같은 학과 합격 평균 등급을 비교해 보면 학종이 교과전형에 비해 조금 낮게 형성되어 있음을 알 수 있습니다.

여기서 분명 말씀드리고 싶은 사항은 자사고, 특목고가 반드시 학종에서 유리한 것은 아니라는 겁니다. 대학 입학처 주관 연수들을 가보면 신입생 출신고 분석 통계를 보여주곤 하는데 학종 입학에서 일반고 비율이 가장 높습니다. 물론 일반고 학생들이 인원수가 많기 때문이겠지만 학종에서 자사고와 특목고가 무조건 유리할 것이라는 건 오해입니다. 수시 결과 발표 후 입시 커뮤니티에 자사고, 특목고 학생들이 학종에서 1차 합격도 못 했다고 슬퍼하며 올리는 글들도 눈에 띕니다.

만약 학종은 전혀 생각하지 않고 '성적만 잘 나올 것 같은 과목만을 선택한 학생이 교과전형에서 유리할 것인가'에 대해 알아보겠습니다. 2026학년도 대입시행계획을 살펴보았을 때 다음은 교과전형에서도 학종요소를 도입한 대표적인 대학들입니다. 원래 교과전형은 과목을 어떤 것을 선택했는지 여부는 따지지 않고 3학년 때까지의 성적을 기계적으로 계산하여 순위를 매겨서 학생을 선발하였지만, 요즘 들어서 교과전형에 변주가 생기기 시작했습니다. 예를 들면 내신성적 70%에 과목 선택 상황, 세부능력 및 특기사항 내용 등을 정성평가하여 30% 반영하겠다는 식입니다.

괄호 안 %는 학종 요소 반영비율입니다.

건국대(30%), 경희대(30%), 고려대(10%), 동국대(30%)

건국대의 경우 학교생활기록부 교과학습발달상황 항목을 반영하겠다고 하였고, 경희대는 교과종합평가로서 교과성적과 세부능력 및 특기사항을, 고려대는 생기부 전반적인 내용을, 동국대는 교과학습발달상황, 세부 능력 및 특기사항, 출결상황, 행동 특성 및 종합의견 항목을 반영하겠다고 했습니다. 즉 어떤 과목을 선택하고 몇 학점이나 이수했는지는 기본적으로 점검한다고 볼 수 있습니다.

2025년부터 고교학점제가 본격 도입된다면 교과전형에서 학종 평가 요소가 도입할 대학이 늘어나지 않을까 예상해 봅니다. 게다가 2028 수능에서 심화수학(현재의 미적분과 기하)이 제외되기 때문에 이공계열 교수님들은 고등학교 교육과정 속에서 심화수학을 학습한 학생들을 선호할 가능성이 높아진다는 예측도 가능합니다.

2024년 1월 12일 중앙일보 기사 '2028 수능서 심화수학 배제는 자해 행위, 하향 평준화 막아야'를 읽어보면 이공계 교수님들의 우려가 눈에 띕니다.

교육부는 일반 수학(대수·미적분 I·확률과통계)만 수능에 포함하고 심화수학(미적분 II·기하)은 빼기로 했다. 수험생 입장에선 부담이 줄어드는 효과가 있지만, 이공계 대학교수들은 강력히 반발하는 분위기다. 수학 기초가 부족한 학생들이 이공계 대학으로 진학하면 제대로 대학 수업을 따라갈 수 없다는 지적이다.(중략) 기하와 미적분을 포함한 수학은 그런 현상을 표현하는 언어라고 할 수 있다. 문·이과의 구분 없이 수학 교육을 강화해야 한다. 궁극적으로는 고교 교육에서 문과와 이과의 구분을 없애는 게 맞다. 그렇다고 문과 위주로 수학 교육을 하향 평준화하는 건 굉장히 위험한 발상이다. (하략)

현재도 이공계 학과에서는 물리와 화학, 미적분을 배우지 않고 진학한 학생들이 수업을 잘 못 따라가서 난항을 겪는다는 이야기가 심심찮게 들리며, 교수님들도 강의하는 데 어려움이 있다고 토로합니다. 그렇다면 학종을 포함한 수시전형에서 교수님들은 적어도 학과 전공 수업을 따라올 수 있는 학생을 선발하고자 할 것입니다. 결국 고등학교 과목 선택과 이수 상황을 점검한다는 뜻일 수밖에 없습니다.

중·상위권 학생이라면 학종을 준비할 것이기 때문에 과목 선택을 신중히 해야 합니다. 하위권 학생이라고 해도 본인이 관심 있는 분야의 과목을 공부하는 것이 진로 탐색에 도움이 되기 때문에 역시 과목 선택은 중요합니다.

2023학년도부터는 서울대 정시에서, 2024학년도부터는 고려대 정시에서 학교 내신성적을 반영하기 시작했습니다. 서울대는 학생부의 교과학습발달상황(교과 이수 현황, 교과 학업성적, 세부능력 및 특기사항)만 반영하고 A, B, C 3개 등급 절대평가로 평가합니다. 고려대는 2024학년도부터 수능 정시 전형을 수능 100% 전형과 교과 우수 전형(교과 성적 20% 반영)으로 나누었고, 연세대는 2026학년도부터 정시에서 학생부 교과 이수 상황을 반영할 예정이라고 합니다.

지방거점국립대학 중 2025학년도 대입 시행 계획을 살펴보면 부산대는 교과전형에서 교과성적 80%에 학업 역량평가(고등학교 교육과정 이수 노력 및 적절성 평가로 명시) 20%를 반영합니다. 경북대는 교과성적 80%에 서류평가(교과이수 충실도 20%로 명시) 20%를 반영합니다. 강원대는 학생부교과 사회배려자 전형 및 농어촌학생 전형에서 교과성적 90%에 정성평가(교과이수 충실도와 진로관련 학업수행 충실로 명시) 10%를 반영합니다.

다른 대학들이 어떻게 할지 추이를 살펴봐야겠지만 대학 입장에서는 고등학교 생활을 충실히 한 학생들이 대학 이탈률이 적기 때문에 학생부로 학생을 평가하는 방식을 어떤 식으로든지 확대하고자 하는 추세라고 볼 수 있습니다.

각 대입전형별 대학 입학 이후 학교생활에 대한 연구 자료를 보시면 학종으로 들어온 학생들의 이탈률이 가장 낮으며, 학교생활 만족도가 가장 높고, 진로 계획도 가장 구체적으로 세웠음을 알 수 있습니다. 정시로 들어온 학생들의 이탈률이 가장 높고 진로에 대한 계획도 가장 구체적으로 세우지 않는다고 합니다. 연구 결과는 어디까지나 평균적인 수치이며 개인별로 차이가 있을 수 있습니다. 다만 학생부 종합 전형의 특성상 고등학교 때부터 진로에 대한 명확한 로드맵을 그리고 이를 토대로 학교생활을 충실히 한 학생이 선발되는 구조이기 때문에 학교 및 학과에 대한 만족도가 높을 수밖에 없습니다.

3 대학-학과-과목 탐색 방법

　우선 진로는 바뀔 수 있다는 데 전제를 두고 자녀의 진로를 생각하셔야 합니다. 스탠퍼드 대학교수이며 진로 교육의 아버지라고 불리는 '존 크롬볼츠' 교수는 진로는 고정적이지 않으며 얼마든지 바뀔 수 있는 것이라고 주장했습니다. 그의 추적조사 결과 한 직업에서 성공한 사람들 대다수가 우연에 의해 직업과 진로를 결정한 사례들이었습니다. 크롬볼츠 교수는 우연을 기회로 만들기 위해 노력하고, 과감히 도전하며, 실패도 했다가 인내심을 갖고 다시 시작하는 태도가 필요하며, 이것이 한 인간을 직업적으로 성공하게 만드는 밑거름이라고 주장합니다.

제목: '직업은 정말 우연하게 결정된다'
(동아일보, 2019.06.25., 육동인–강원대 초빙교수 및 직업학 박사–칼럼)

　우리는 진로설계라고 하면 치밀한 계획과 정보 수집 및 실천을 전제조건으로 떠올립니다. 그러나 이것은 인생의 변동성을 무시한 전제입니다. 부모님들도 각자의 인생을 돌이켜보시기를 바랍니다. 모든 것이 계획대로만 흘러갔나요? 계획대로 안 되었다고 해서 실패를 맞이했나요? 그것은 아니지요. 우연히 어디선가 들은 정보가 괜찮다 싶어서 한 번 도전해 볼까 하여 도전했는데 의외로 그 진로가 적성에 잘 맞았을 수도 있지요.

인생은 반드시 계획대로, 순서대로 되지 않습니다. 적성 파악과 정보 수집이 동시에 이뤄지기도 하고, 직업 선택 이후에 흥미와 적성 파악을 하는 경우도 많습니다. 적성 파악이 전혀 안 된 상태에서 '그래도 이게 싫지 않겠다' 싶어 관심을 두지 않던 학과에 진학했는데 그 학과의 공부가 적성에 맞는 일도 있고요. 본인의 적성을 제대로 알고 있는 상태에서 대학에 진학했지만, 막상 공부하다 보니 다른 분야가 눈에 들어올 수 있습니다.

뉴스나 언론이나 인터넷에 떠도는 것처럼 '점수 맞춰 가면 망한다'도 아닙니다. '엄마 말 들어서 성공한다'도 아니며 '엄마 말 들어서 실패한다'도 아닙니다. '미술 하면 굶어 죽는다'도 아니고 '이과 가면 취업 잘 된다'도 아니죠. '지방대 나와도 잘 산다'도 맞고 '스카이(SKY, S: 서울대, K: 고려대, Y: 연세대) 나와도 취업 못 할 수 있다'도 맞습니다. 사람마다 다양한 사례들이 너무 많고 변수도 많아서 진로에 대해서는 함부로 단정을 지어서는 안 됩니다.

그럼 중요한 것은 무엇일까요? 초등학교 파트, 중학교 파트에서도 계속 강조했던 바로 학생 자신의 자기주도성과 능동성입니다. 무엇을 선택하고 결국 어떤 길을 가든, 내가 스스로 선택한 길에 대해 책임지는 겁니다. 엄마 말을 듣고 진로를 결정하는 게 아닙니다. 엄마 말 듣고 '아 엄마가 한 말을 검증해 보니 괜찮네'라고 생각하고 결정하는 겁니다. 엄마 말 안 들어서 성공할 수도 있습니다. '엄마 말을 듣고 안 듣고'가 핵심이 아니라 엄마 말을 수용하고 적용하는 태도입니다.

학생들에게 진로설계를 하라고 할 때 "네가 좋아하는 것이 무엇이니?", "너의 장래 희망이 뭐니?", "꿈은 뭐니?"라고 묻는 경우가 있습니다. 초등학생들에게 장래 희망을 묻는 것은 꼭 그 직업을 선택하라는 의미는 아니고 탐색의 과정이라고 편하게 생각하시면 됩니다. 초등학생들이 직업에 대해 가진 정보는 지극히 제한적이며 구체적이지 않기 때문에 약간 허황된 이야기를 할 수도 있습니다. '긴즈버그'라는 진로발달이론 학자는 아동기의 진로인식 수준을 '환상기'라고 명명하였습니다.

초·중·고등학교 시기에 매번 정보를 수집하면서 이에 따라 진로를 설계하고 수정하고 실천도 함께 해야 합니다. 그리고 대학 가서 성인이 된 이후에도 정보를 더 수집할 수 있습니다. 진로 정보는 평생 모으는 것이며 상황에 따라 계획은 얼마든지 변경할 수 있습니다.

결국 고등학교 시기 신경 써야 할 것은 특정 직업에 대한 정보와 지식, 구체적인 능력을 기르는 것이 아니라 역량을 신장하는 것입니다. 역량이란 어떤 일을 수행하는 데 필요한 지식과 태도와 잠재적인 능력을 뜻합니다. 학생이 물리치료사에 관심 있다고 지금부터 해부학 지식을 쌓고 근골격계 위치를 외우고 도수치료를 배우는 게 아닙니다. 물리치료사가 가져야 할 역량, 즉 고등학교 생명과학 과목에서 배우는 전반적인 지식, 영어 능력, 대인관계 능력, 공동체 의식 등을 쌓으면 됩니다. 역량을 중심으로 접근하면 진로가 바뀌어도 크게 고민되지 않습니다. 고등학교 2학년 때까지 간호사가 되겠다고 한 학생이 3학년 때 소프트웨어 개발자가 되겠다고 하면 중점적으로 쌓아왔던 역량 중에 소프트웨어 개발자가 되는 데 필요한 역량과 공통되는 요소가 있을 겁니다.

그러므로 특정 과목학습을 미리 포기하면 안 됩니다. 간호사는 수학을 많이 안 쓰니까 미리부터 수학 학습을 포기해버리면 소프트웨어 개발 공부를 위해 필요한 컴퓨터공학 학습의 전제인 수학 역량이 부족해지니까요. 몇 년간 진로전담교사로서 학생들 진로가 바뀌는 상황을 곁에서 지켜보며 조언하고 상담하면서 최종적으로 얻은 결론은, '역량신장'과 더불어 '어느 과목이든 성적 상관없이 성실하게 공부하는 태도'가 중요하다는 것입니다. 성적이 안 나올지언정 최선을 다해야지 미리부터 포기하고 기초조차 학습하지 않는 것은 곤란합니다.

우선 고등학생에게는 진로 및 진학 관련 정보를 탐색하게 하는 시간을 줄 필요가 있습니다. 여기서 정보라 함은 일반계고등학교의 목적에 따라 대학과 학과에 대한 정보입니다.

(1) 학과카드

학과카드를 이용한 학과 종류 탐색하는 방법은 제일 쉽고 직관적으로 학과에 대한 정보를 수집하고 개인의 선호도를 파악할 수 있습니다. 대한민국의 수많은 대학에 수많은 학과가 존재하며 요즘에는 학과가 신설되기도 하고 통폐합되기도 합니다. 그리고 무전공입학이라고 하여 학과를 정하지 않고 입학하는 인원 선발도 증가하게 되었습니다. 무전공입학도 언젠가는 학과를 정해야 하므로 고등학교 때부터 학과에 대한 탐색은 꾸준히 이뤄져야 합니다.

인터넷에 '학과카드'라고 검색어를 넣으면 다양한 종류의 학과카드들이 나옵니다. 보통 학교 진로수업시간에 학과카드나 직업카드를 활용한 수업을 많이 하고 있습니다. 가정에서도 한 개 정도 구입해서 학과 탐색을 하실 만합니다. 아무 학과카드나 구입하셔도 무방합니다.

다음과 같은 방식으로 학생들에게 탐색을 유도합니다.

1단계: 시작하기 전에 학과카드에 쓰인 학과명과 특징에 대해 자세히 읽는다. 학과 카드를 3개로 분류한다. 맨 왼쪽에는 지금 상태에서 관심 가는 학과들, 가운데에는 싫지도 좋지도 않은 학과들, 맨 오른쪽에는 싫은 학과들을 쌓아놓는다.

2단계: 가운데 싫지도 좋지도 않은 학과 중 관심을 가지면 다녀볼 만한 학과라고 생각되는 게 있는지 검토하고 맨 왼쪽으로 옮겨도 좋다. 마찬가지로 맨 오른쪽 학과들에서도 싫지도 좋지도 않은 학과들로 옮겨질 가능성이 있는지 확인해서 옮겨도 좋다.

3단계: 3개 분류 학과를 활동지에 기록한다.

4단계: 맨 왼쪽의 학과 중 맘에 드는 순서대로 1위, 2위, 3위 세 개를 골라 커리어넷이나 워크넷, 포털사이트 등을 활용하여 학과검색을 하여 정보를 수집한다.

이런 과정을 3개월~4개월에 한 번씩 해보면 좋을 것 같습니다. 청소년기에는 진로가 변경될 수 있기에 변화의 과정을 잘 기록해 두면 본인의 관심사 방향도 알 수 있습니다.

학과카드 활동지

(2) 대학 발표자료

학과카드는 보통 100여 개 이상의 학과를 제시하지만 실제로 대학에 존재하는 학과들은 더 많습니다. 그래서 직접 대학의 모집요강 등을 살펴보면서 존재하는 학과들을 살펴보는 작업도 유의미합니다.

문·이과의 구별이 없어졌다고는 하지만 대학에서는 아직 문·이과의 구별이 있습니다. 이과 학생들은 정시로 대학을 갈 때 문과 계열 학과를 지망하는 것이 큰 문제가 없습니다. 그러나 문과 학생들에게는 아직 장벽이 있습니다. 2027학년도 수능까지는 선택과목이 있습니다. 2024년 기준으로 수능 최저나 정시에서 선택과목 제한을 없앤 대학이 있지만 이공계의 경우 과학이나 기하, 미적분 선택 시 가산점을 주는 경우도 있어서 꼼꼼히 살펴보셔야 합니다. 2028학년도 수능부터는 선택과목 자체가 없습니다.

게다가 지방의 많은 대학이 학생 수 모집에 어려움을 겪고 있기 때문에 수능 최저도 걸어놓지 않고, 문·이과의 구별 없이 성적만 되면 학과에 입학할 수 있습니다. 한마디로 고등학교에서 물리, 화학, 미적분을 전혀 공부하지 않았어도 기계공학과에 입학이 가능합니다. 문제는 대학 입학 후입니다. 고등학교 때 물리와 미적분을 배우지 않은 학생은 대학 물리나 대학 수학을 따라가기 힘들고 부적응하며 결국 대학을 자퇴한다고 할 수도 있습니다.

사실 상위권 학생들보다는 중하위권 학생들은 특히 진로탐색과 과목선택에 대한 고민을 많이 해야 합니다. 성적대와 상관없이 대학 간판과 이름에 함몰되지 않았으면 좋겠고 취업이 잘 된다고 해서 적성과 무관한 학과에 입학하는 것도 지양해야 합니다.

우선 대학 간판을 다 내려두고 문과 계열과 이과 계열, 예체능 계열을 두고 고민했으면 합니다. 문과 과목만 배운 학생이 이과 계열로 진학도 가능합니다만, 입학 전에 고등학교 수학과 과학 과정을 기본적으로 공부해 둬야 입학 후 힘들지 않습니다.

예체능 계열은 대부분 실기 시험이 입학을 좌우합니다. 문과나 이과의 과목 선택 제한은 없는 계열이지만 주로 문과 과목을 선택하는 경향이 있긴 합니다. 서울 소재 미술대학 디자인계열에서는 성적이 1등급~2등급 초반이면서 학생부가 좋으면 비실기전형을 통해 학생을 선발하기도 합니다. 홍익대 2026학년도 대입전형계획을 살펴보면, 미술계열 학과 미술우수자전형은 1단계에서 3배수 학생을 선발하는데 교과성적 20%와 서류(학교생활기록부와 미술활동보고서) 80%가 반영됩니다. 2단계는 서류 40%(1단계 서류평가 점수 반영)와 면접 60%입니다. 실기를 진행하지 않습니다.

필자가 진학지도 했던 한 학생은 2022학년도 대입 때, 디자인 비실기로 서울대 1차 합격(수능최저 미충족으로 최종불합격), 국민대 AI디자인학과(학종 비실기 전형-국민프런티어전형) 최종 합격하였습니다. 특히 미술과 체육 관련 학과 중 수도권 대학을 중심으로 비실기 전형이 있기 때문에 내신 및 학생부 관리만 잘해도 실기 준비하지 않고 대학 진학이 가능하다는 이야기입니다. 사실상 실기전형이라고 해도 1단계에서 성적으로만 선발하는 전형이라면 실기를 아무리 잘 해도 성적이 낮아 1단계를 통과 못하면 2단계 실기시험을 치를 기회가 없습니다. (대학별로 전형 상이) 지금 인터넷 검색창에 '체육계열 비실기 전형', '미술계열 비실기 전형'이라고 검색하시면 다양한 정보를 얻으실 수 있습니다.

서울대학교에서 제시하는 전공연계 이수 과목(입학전형 시행계획에 실림)이 있습니다. 이것을 보면 대학의 학과도 알 수 있고 과목 선택에 대한 설정도 가능합니다. 서울대학교뿐만 아니라 몇 개 대학에서 학과별 권장과목을 제시하였습니다. 이를 통해 일반계 고등학교 학생들은 우선 대학에 간다는 전제로 대학 학과를 공부하는 데 필요한 권장과목과 이에 따라 학습해야 할 기초 지식이 무엇인지 알 수 있습니다.

필자는 무조건 성적과 상관없이 모든 학생에게 2가지 측면에서 서울대 전공연계 이수 과목을 살펴보게 합니다.

첫째는 도대체 대학에 학과가 무엇이 있는지 직접 눈으로 살펴보자는 겁니다. 서울대는 명실상부 우리나라 종합대학의 선두 주자입니다. 서울대에서는 학문적으로 탐구할 만한 학과들을 운영하고 있습니다. 둘째로 대학 진학 후 학과 공부를 위해 고등학교 때 미리 배워두면 좋을 과목이 뭔지 살펴보는 겁니다.

✎ (가) 서울대학교 전공연계 이수 과목

서울대학교 입학처-대학-공지사항-
2026학년도 대학 신입학생 입학전형 시행계획

여기서 살펴볼 것은 어떤 학과들이 있는지, 그리고 그 학과에서 공부하기 위해 교수님들이 요구하고 있는 선이수 과목들은 무엇인지입니다. 서울대에서 요구하는 것은 사실 다른 대학의 교수님들도 요구하고 싶은 부분일 것입니다.

우선 특이한 점이 발견되실 겁니다. 인문사회과학대학 대부분이 경제학과만 제외하고는 핵심권장과목이나 권장과목을 제시하지 않고 있습니다. 흔히 말하는 문과 계열 학과들입니다. 우리가 잘못 알고 있는 사실이 있습니다. 이과 학생은 국어국문과를 학생부종합전형으로 진학하지 못할 것이라는 생각은 편견입니다.

필자가 입시 지도한 학생 중 국어국문학과 및 문예창작학과(동국대, 서울여대, 중앙대, 전남대)를 학생부종합전형으로 서류 1차 합격하고 최종적으로 중앙대 문예창작학과에 2022년에 입학한 학생이 있습니다. 2학년, 3학년 때 미적분 및 생명과학과 화학을 이수한 전형적인 이과 학생이었습니다. 1학년 때만 해도 화학공학과 등 이공 계열 진학을 꿈꿨습니다. 그런데 2학년 때 진로 희망이 '소설가'로 바뀌면서 국어국문과나 문예창작학과 진학을 희망하게 되었습니다. 이에 맞춰 학생부종합전형 준비를 했습니다. 특히 국어 과목 성적에 신경 쓸 것을 권유했습니다. 당시 교육청 주관 진로체험 중 단편소설 쓰기 프로젝트가 있었으므로 여기에 참여하라고 조언했습니다. 3학년 때는 '화법과 작문', '언어와 매체' 국어 과목 2개를 모두 이수하였습니다. 평균적으로 2등급 대 학생이었고 미적분은 3등급이었습니다. 미적분 생기부 세특에 보면 미적분의 원리를 적용한 소설을 창작했다는 내용이 적혀 있었습니다.

한 마디로 서울대학교에서 핵심권장 과목을 굳이 제시하지 않은 학과들은 문과, 이과를 굳이 따지지 않아도 된다는 겁니다. 다만 경영학과와 경제학과 계열의 경우 수학 성적이 중요하고 수학적 감각과 지식을 주로 학문 탐구에 활용하기 때문에 서울대학교에서도 경제학부 및 농경제학과 에서는 미적분을 권장과목으로 제시하고 있습니다. 모 대학의 경영학과 교수님을 초빙하여 특강한 뒤 "미적분이 경영학과에서 얼마나 중요한가요?"라는 질문을 드렸는데 답변은 다음과 같았습니다.

"중요합니다. 그러나 공대생이 하는 것만큼의 미적분 지식을 요구하진 않습니다. 미적분을 선택하지 않더라도 수Ⅱ에 나오는 미적분만이라도 완벽하게 이해했으면 좋겠습니다."

필자는 상위권 학생 중 학생부종합전형으로 서울 소재 상위권 대학 상경 계열을 지망하는 학생들에게는 미적분을 수강할 것을 권고하고 있습니다. 정리하자면 어문 계열과 상경 계열의 경우 이과생이 불리한 것은 없다는 겁니다. 다만 국어국문학과라면 국어 과목이 더 많이 이수해야 하고 외국어 계열이라면 외국어 관련 과목이 더 집중해야 할 것입니다. 상경 계열은 수학 성적 관리와 수학 과목 집중 이수가 필요합니다.

예체능 계열도 마찬가지이며, 흔히 예체능 계열은 문과 성향이라고 생각하는 건 오산입니다. 예체능 계열 중 미술이라면 미술과목, 음악이라면 음악과목, 체육이라면 체육과목에 더 신경 쓰고 사회나 과학은 전공과의 연계성을 고려하여서 선택하면 됩니다. 체육은 보통 생명과학을 권유합니다. 그리고 디자인 학과 진학 희망자가 생명과학을 이수한다고 해서 크게 문제 될 것은 없습니다. 인터넷 검색을 하거나 문헌을 조사해 보면, 디자인과 생명과학의 연관성이 있다는 것을 알 수 있습니다.

인류학과의 예를 들어보겠습니다. 보통은 인류학과라는 단어를 들으면 "응, 문과네. 사회교과 선택하면 되겠네"라고 말할지도 모르겠습니다. 그러나 서울대학교에서는 권장과목을 제시하지 않고 있습니다. 생명과학과 세계사를 수강한 학생이 서울대 인류학과를 지망한다고 가정해 보겠습니다. 예전의 교사들이라면 "이과냐, 문과냐, 정체를 밝혀라"라며 애매하다 말하겠지만 인류학과 교육과정을 살펴보면 생명과학 지식이 유용함을 알 수 있습니다.

《우리는 어떻게 우리가 되었을까?》의 이상희 저자는 서울대 고고미술학과 졸업 후 미국에서 인류학을 공부하였는데 위의 책에서 인간의 기원에 대해 이야기하고 있습니다. 인류학이라고 해서 문과 계열만을 공부하라는 법은 없다는 방증이라고 생각합니다. 실제로 서울대 인류학과 교과목 중 '인체골격 인류학 실습'이라는 과목이 있습니다. 그러므로 어떤 학생이 인류학과에 진학하고 싶다면, 인류학 공부에 생명과학 지식이 필요하다고 여기고 실제로 생명과학을 배우면서 인류학과 접목하는 지식을 찾아 탐구하고 보고서도 작성하고 발표도 할 수 있을 겁니다. 심리학과의 경우는 몇 년 전부터 생명과학을 이수하고 온 학생이 학과 공부하는 데 유리하고, 심지어 학생부종합전형에서도 좋은 평가를 받을 수 있다는 말도 나오고 있습니다.

그러나 이공계 학과들은 약간 사정이 다릅니다. 잘 살펴보시기를 바랍니다. 아무래도 핵심권장과목이 과학, 수학 위주로 제시되어 있습니다. 이것은 이과 진입장벽이 문과보다는 좀 높다는 것을 의미하기도 합니다. 수시에서 교과전형이 없고 학생부종합전형만이 있는 서울대에서 이공계열 쪽에 권장과목을 더 상세히 제시하고 있는 이유를 생각해 보시기 바랍니다. 식품영양학과라면 화학과 생명과학을 이수하지 않은 학생부는 더 높은 점수를 받지 못한다는 의미이기도 합니다. 1차 서류심사에서 아예 떨어질 수도 있습니다. 왜냐하면 식품영양학 공부에 있어 화학과 생명과학 지식이 요구되기 때문입니다.

컴퓨터공학과를 살펴봅시다. 과학 과목은 지정 과목이 없고 '미적분' 과 '확률과 통계', 수학과목만 지정되어 있습니다. 이것은 무엇을 의미하는 걸까요? 컴퓨터공학은 통상 공대로 분류되지만 고전적인 물리, 화학, 생명과학, 지구과학의 4개 과학 지식이 요구되지 않습니다. 이 부분은 컴퓨터공학과 교수님께도 질의하였고 컴퓨터공학과 대학원 박사과정을 밟고 있는 분에게도 질문하였는데 역시 고전적인 과학 계열의 지식은 거의 요구하지 않는다고 말했습니다. 다만 수학이 기본인 학문이기 때문에 '미적분'을 잘했으면 좋겠고 원서 읽을 일이 많으니 영어 지식이 높았으면 한다고 했습니다.

'느린 지진의 원인을 컴퓨터 모델링으로 밝히다'라는 〈연세공감〉 636 호에 실린 기사를 읽어보니 연세대 지구과학시스템학과 연구팀이 일본에서 발생하는 느린 지진의 원인을 컴퓨터 모델링으로 밝혔다는 내용이 나옵니다. 만약 지진 원인 분석과 관련하여 컴퓨터공학을 배워보고 싶다면 지구과학을 선택해서 공부할 수도 있습니다.

컴퓨터공학과 공부의 기본 첫 번째는 수학(미적분)입니다. 그리고 공대 계열로 분류되므로 사회를 선택하는 것보다는 과학을 선택하는 것이 학생부종합전형에서 유리하되 굳이 4개 과학과목 중 특징은 없습니다. 다만 컴공 계열 진학 희망자들이 과학을 선택할 때 대부분은 물리를 기본으로 두고 선택하는 경향성은 존재합니다. 학생의 세부적인 진로 설계에 따라 과목 선택의 변주가 가능합니다. 만약 '생물정보학자'라는 직업에 관심이 있다면 컴퓨터공학과 더불어 당연히 생명과학 지식을 알아야 하겠지요. 실제로 '생물정보학자' 직업인 특강을 진행해서 현직에 계시는 분 이야기를 들었는데 이분은 학부는 생명과학과를 나오셨고 석박사는 의료정보학을 전공하셨습니다. 기본적으로 컴퓨터를 좋아했기 때문에 프로그래밍을 잘했고, 생명과학과 결합한 분야로 자연스럽게 들어선 것입니다.

'확률과 통계' 과목에 대한 오해도 풀어야겠습니다. 보통 수학의 미적분과 기하는 이과 수학, 확률과 통계는 문과 수학으로 알려졌지만 수학적 지식이 요구되는 이공 계열의 많은 교수님들은 이과생들이 '확률과 통계'까지 배우고 오기를 요구하고 있습니다. 고등학생 입장에서는 본인의 수능 선택 과목이 아닌 과목까지 공부하는 것이 싫을 수 있지만 이공계열 진학을 생각한다면 수학에 과감히 도전하고 더 집중해야 합니다.

대학에서 발표한 권장과목 리스트를 보면서 잘 모르는 학과에 대해서는 검색하면서 학과에 대한 지식을 넓힌다면 자연스럽게 학과에 대한 정보도 얻게 됩니다. 예를 들면 '조경시스템공학부'가 뭘 배우는 곳인지 모르겠다면 포털사이트에 '서울대학교 조경시스템공학부'라는 검색어를 넣고 학과(부) 홈페이지에 접속하면 학과에 대한 소개, 배우는 과목, 졸업 후 진로에 대한 정보들을 얻을 수 있습니다.

✎ (나) 경희대 고려대, 성균관대, 연세대, 중앙대-고교생 교과이수 권장 과목: 자연계

서울대 말고 고려대를 포함한 서울 5개 대학에서도 발표한 권장과목을 살펴보도록 하겠습니다. 5개 대학에서는 이공계열권장과목만 발표하였는데 아무래도 이공계열 학부 공부를 위해 고등학교 때 반드시 공부해야 할 과목들이 문과 계열에 비해 좀 더 분명하기 때문일 것입니다. 다시 말해 특정 과목 기초 지식이 없으면 대학 전공 공부에 어려움이 따른다는 의미입니다.

'대학어디가(www.adiga.kr)-대학/학과/전형-학과정보'에 들어가셔서 학과 키워드를 검색하시면 전국에 존재하는 관련 학과들 검색이 가능합니다.

지역대학에 진학할 가능성 큰 학생들이라면 주변 지역대학들의 학과들을 살펴볼 필요가 있습니다. 그렇다면 위 대학들에서 제시되지 않은 학과라면 어떤 권장과목을 고등학교에서 이수해야 하는지 정보를 어디서 언

경희대입학처-입시도우미-(5개 대학 공동연구) 대학 자연계열 전공 학문 분야의 교과 이수 권장과목 안내 리플릿

'대학 어디가 TV: 대입칼럼-진로희망에 따른 과목 선택의 이해와 대비' 이공계열 선택과목에 대한 설명이 핵심적으로 나옵니다.

을까요? 바로 커리어넷 사이트를 활용하면 정보를 얻기 쉽습니다.

(3) 커리어넷

① 커리어넷–학과정보–학과 키워드 검색
② 만약 물리치료학과의 권장과목이 알고 싶다면 물리치료학과라고 검색어를 입력합니다.
③ 〈학과개요〉 부분에 관련 고교 과목이 나옵니다.

커리어넷에서 현재 제시하고 있는 정보는 세종특별자치시교육청 '보인다 시리즈 5.0–전공 적성 개발 길라잡이' 자료인데, 관련 교과목이 자세하게 많이 제시되었습니다. 예를 들면, 전문교과인 '생명과학실험' 혹은 '고급생명과학'까지 물리치료학과 지망생이 반드시 배워야 하는지 의문을 가질 수 있습니다. 뒤에서 설명하겠지만, 자신의 상황에 맞춰 이 중에서 선택을 해야지 제시한 것을 모두 수강하라는 의미는 아닙니다. 전문교과 영역은 특목고 개설 과목으로, 일반고에서는 단위 학교에서 개설은 가능합니다만 공동교육과정으로도 운영되고 있습니다.

공동교육과정(혹은 협력교육과정)이란 각 교육청에서 수강희망 학생들을 모아서 강좌를 개설한 후에 지정된 학교에서 수업하는 교육과정입니다. 단위학교에서 개설하기 힘든 과목 위주로 개설이 되곤 합니다. 매 학기 초 개설예정과목과 수강신청 안내를 가정통신문으로 알립니다. 1학기 동안 방과후나 토요일 오전, 온라인이나 오프라인으로 수업을 들으며 생활기록부에 기록됩니다. 학교에서 듣는 수업과 같다고 생각하시면 됩니다.

포털사이트에 'OO교육청 공동교육과정'이라고 검색어를 넣으시면 해당 교육청 공동교육과정 홈페이지가 나옵니다.

학교알리미-학교공시정보에 들어가서 학교명을 검색어로 넣으면 학교 교육과정을 살펴보실 수 있습니다. 보통 고등학교에 입학하면 3월에 학부모교육과정설명회를 하면서 교육과정 운영계획을 배부하며 가정통신문으로 배부됩니다. 또 8월 과목 선택 전에 학부모 대상 연수를 대부분의 학교에서 실시하므로 여기에서 정보를 얻은 뒤 성적이나 학교에서 제시한 과목들 등 상황에 맞춰 과목을 선택하면 됩니다.

잘 모를 때에는 학교 진로선생님이나 교육과정부 선생님께 질의하고 상담하면 도움을 얻을 수 있습니다.

(4) 대학 학과홈페이지 교육과정

몇 개 학과에 관심이 생겼다면 특정 대학 학과 홈페이지에 접속하여 교육과정을 알아보는 것도 유의미한 작업입니다. 같은 이름의 학과이지만 대학마다 중점적으로 가르치고 싶은 내용이 다를 수 있으므로 교육과정의 차이가 있을 수 있습니다. 학생 본인이 어떤 대학을 가면 자신이 관심 있는 것을 더 배울 수 있을지 생각해봐야 합니다. 또 고등학교 때 어떤 과목을 선택해서 들을지 짐작해 볼 수 있고요.

포털사이트에 'OO대학교 △△학과'라고 검색어를 넣으면 쉽게 학과 홈페이지 접속이 가능합니다. 학과 소개, 교육과정, 졸업 및 취업현황 등에 대해 자세한 정보가 실어져 있는데 보물창고 같은 곳입니다.

만약 사학과 지망생이라면 서울지역의 대학 한두 개, 지역 학생이라면 지역 거점국립대학 포함 두세 개 정도의 학과 홈페이지를 접속하여 교육과정을 살펴보면 좋겠습니다. 2024년 7월 기준 몇 개 대학 사학과 교육과정을 비교해 보겠습니다.

전북대학교–
사학과–
교육과정

전남대학교–
사학과–
교과과정

전주대학교–
역사콘텐츠학과–
전공교과소개

동국대학교–
사학과–
교육과정

전북대학교 사학과의 교육과정 중 '호남지역사'라는 것이 눈에 띕니다. 아마 수도권 대학에서는 이런 과목은 없을 것 같습니다. '서양여성사'라는 과목도 눈에 띕니다. 전남대학교 사학과는 '러시아사', '역사와 인물'이라는 과목이 있습니다. '한국문화예술사'도 눈에 띕니다. 전북지역의 전주대학교는 사학과라는 명칭 대신 '역사콘텐츠학과'라는 명칭으로 학과를 운영하고 있습니다. 일반적인 사학과와는 교육과정이 상이할 수 있으며 역사적 지식을 콘텐츠로 제작하는 과정을 배울 수 있습니다. 수도권 대학 몇 군데도 교육과정을 살펴보면 좋습니다. 관심 있는 대학들 위주로 보면 좋습니다. 여기서는 동국대학교를 살펴보겠습니다.

동국대학교는 불교문화를 연구하는 학교답게 사학과 교육과정에도 '한국불교와 역사스토리텔링'이라는 과목이 있어서 이런 분야에 관심 있는 학생이라면 주목해 볼 만합니다. 또 3D타임머신, 3D동국여지승람, 히스토리 오디올로지 과목은 데이터를 가공 구축하여 콘텐츠를 생산하는 것도 배웁니다.

그럼 사학과 지망생이라면 고등학교 과목선택을 어떻게 해야 할까요? 교육과정 몇 개만 비교해 보아도 역사과목과 지리과목을 수강하는 것이 기본적일 것이라는 생각이 듭니다. 지리과목까지는 아니어도 역사 관련 과목은 당연히 수강할 것입니다. 그런데 만약 학생이 근현대사에 관심이 많고 정치 부분의 역사적 지식이 필요하다 싶으면 정치 관련 과목을 수강해도 좋고 경제사에 관심 많다면 경제를 수강할 수 있습니다. 또 조선시대 성리학의 역사적 흐름에 대한 탐구에 관심이 많다면 윤리과목을 수강할 수 있을 겁니다. 유럽이나 미국사 연구를 하고 싶다면 영어과목을 더 수강해서 영어 실력을 키울 수도 있겠지요. 동북아시아 역사에 관심이 많다면 중국어나 일본어를 수강할 수도 있습니다. 역사콘텐츠 제작이 목표라면 프로그래밍 과목을 수강할 수도 있겠지요.

결국 과목선택은 기본적인 권장이수과목의 토대를 두고 본인의 관심사에 따라 얼마든지 변주가 가능합니다.

부모님은 자녀가 다니는 학교의 교육과정표를 보면서 최선의 선택을 할 수 있게 조력해야 합니다. 자녀가 스스로 알아서 선택하게끔 지켜만 보시면 됩니다. 고민스러워할 때는 조언 정도 해주시면 됩니다. 강요나 강압은 안 됩니다.

- ▶ 문과는 무슨! 안 돼 이과로 선택해! 문과 나와서 취직은 하겠어?

- ▶ 미적분 선택해서 성적 떨어지면 어떡하려고 하니?

- ▶ 공동교육과정? 그 시간에 학원이나 가야지 그런 걸 왜 들어?

- ▶ 미술? 사내자식이 무슨 미술이야? 안 돼!

- ▶ 뭐? ○○대학교? 거기 가려면 차라리 공장 가라.

- ▶ 우리 집은 □□대학교 아니면 등록금 안 대준다.

실제로 상담하면서 학생들이 부모님께 들었다는 말들의 일부를 적어보 았습니다. 편견과 강압으로 가득 찬 말들을 아직도 하고 계십니다. 정보 를 함께 탐색하는 과정은 필요하고 조언 정도 할 수 있지만 최종 선택은 자녀가 하는 것이고 우리는 그 선택을 존중해야 합니다.

(5) 고교학점제 홈페이지

✎ (가) 고교학점제 홈페이지 활용

고교학점제 홈페이지에 가면 고교학점제에 관한 다양한 정보를 얻을 수 있습니다.

① 고교학점제 홈페이지(www.hscredit.kr)−고교학점제 운영−진로학 업설계−교육과정 과목 안내

② 각 시도교육청 안내 자료들이 탑재되어 있습니다. 본인이 속한 시도교육청 것을 보아도 됩니다만 어느 시도교육청 자료를 보아도 과목에 대한 소개는 자세히 안내되어 있습니다.

✎ (나) 교과서 직접 살펴보기

가장 좋은 방법은 교과서를 직접 살펴보는 것입니다. 과목 선택을 중심으로 하는 교육과정이 본격 도입된 이후 각 학교에서는 과목 선택 전에 '교과서 전시회' 같은 행사를 열어 학생들이 직접 교과서를 살펴보게 합니다. 학교 도서관에 교과서들이 비치된 경우도 많습니다. 앞에서 '징검다리: 초등학교에서 중학교로' 파트에서 교과서를 접할 수 있는 다양한 방법들을 설명해 드렸으니 참고하시기를 바랍니다.

(6) '대학 어디가' 홈페이지: 대입정보 수집

학생들은 진로시간 등을 통해 '대학 어디가' 사이트 활용에 대해 정보를 수집할 테지만 부모님들도 직접 접속해서 대학 입학성적 및 모집 요강 등에 대한 정보를 얻으실 수 있습니다.

① 대학어디가(대입정보포털 www.adiga.kr)-회원가입-로그인
② 상단메뉴 중 '대입정보센터'
- 대입특징: 대학별 대입 상황 전년도와 비교한 자료 탑재 및 대학간 비교 가능

- 전형 평가기준 및 전년도 결과공개: 전형별 주요사항 및 입시 결과 공개

  (보통 6월 무렵에 그해 신입생 입결 성적이 '대학어디가' 사이트에 공개되며, 그 이전까지는 작년 신입생 입결 성적이 공개되어 있습니다.)

③ 상단메뉴 중 '학과정보'–학과키워드 입력
- 검색한 학과가 설치된 대학 리스트 제공
- 검색필터 활용하여 조건별 검색 가능
- 리스트에 나온 대학명을 클릭하면 해당 대학 정보 소개

4 진로탐색

* 미니 갭이어(gap year) 시간 갖기

갭이어는 다음과 같이 정의됩니다.

학업을 잠시 중단하고 자신이 하고 싶은 일을 하면서 흥미와 적성을 찾아가는 기간을 뜻한다. 이 기간에는 봉사, 여행 등 다양한 활동을 경험하며 앞으로의 자신의 진로를 설정한다. 영국에서는 1960년대에 갭이어를 하나의 제도로 도입해 해외 봉사, 여행, 워킹 홀리데이 등 청년들에게 다양한 프로그램을 제공했다. 우리나라에서는 2011년 갭이어 단체가 설립돼 다양한 프로그램을 청년들에게 제공하면서 자신의 진로, 적성에 대해 고민해 볼 수 있는 시

간을 갖도록 한 바 있다. 최근 경기도는 진학, 취업 준비 등 과정에서 자기 탐색과 원하는 삶의 모색, 다양한 경험·도전 기회를 제공하기 위한 '청년 갭이어' 사업을 추진했다.

– 네이버 지식백과: 갭 이어

우리나라는 갭이어 제도를 모방하여 학생들이 제도권 교육 내에서 진로에 대해 고민해 볼 수 있게 자유학기제를 중학교에 도입하였습니다. 원래 갭이어를 운영하는 나라에서는 고등학교 졸업 후 성인기로 이행하는 시기 1년 정도를 운영합니다. 하지만 우리나라에서는 고등학교에 도입이 되지 못해 상당히 안타까운 일입니다.

물론 학생들은 중학교에서 자유학기제 활동을 통해 진로 체험이나 특강을 포함한 탐색 활동을 하면서 본인의 진로에 대한 구체적인 상을 그리기 시작했습니다. 중학교 3학년 때 진로전환기 프로그램을 통해 진로 탐색 활동과 더불어 고교학점제가 무엇인지 알고 고등학교 때 배우는 과목들에 대한 정보도 얻겠지만 진정한 의미의 갭이어 활동을 했다고 하기에는 무리입니다.

우리나라에도 갭이어 활동을 지원하는 단체와 프로그램이 있다고 합니다. 《갭이어 좀 아는 10대》에서는 진로를 찾기 위한 양질의 여정으로 갭이어 시간을 가질 것을 권유합니다. 서울시와 NGO 단체들이 만든 '오디세이학교', '꿈틀리인생학교' 등도 소개하고 있습니다.

그러나 이 책을 읽는 대다수의 부모님이나 학생들의 성향이 제도권 교육 내에서 1년을 쉬면서(혹은 자퇴하고) 갭이어 활동을 할 만큼의 여력은 없을 수 있습니다. 대한민국의 특수한 현실에 비추어 입시를 무시한 채 갭이어를 갖는 것은 대다수 부모님이나 학생들에게는 부담스럽습니다. 그래서 가정에서 방학 등을 활용하여 '미니 갭이어'를 고등학교 1학년 때부터 자체적으로 운영해 보면 어떨까 제안해 봅니다. 즉 본격적인 갭 이어 활동은 할 수 없지만 갭이어 정신을 갖고 살면서 목적에 맞는 활동을 소소하게 시도해 볼 수 있습니다. 이때의 활동은 학교에서 하기 어렵지만 가정에서는 지원하기 좋은 활동들이면 좋겠지요.

대부분 부모님은 자녀가 어릴 때 다양한 경험이 필요하다고 여기셔서, 여행도 제법 다니고 연극이나 뮤지컬 등 공연 관람, 박물관이나 각종 전시회를 함께 다녔을 것입니다. 그런데 성인기로 입문하기 전에 더 많은 경험이 학생들에게 도움을 줄 것이 분명한데도, 입시라는 큰 벽에 가로막혀 고등학교 학생들에게는 공부만을 강요하며 다양한 체험 기회를 제한하는 분들이 있습니다.

《어머니, 사교육을 줄이셔야 합니다》에는 이런 이야기가 나옵니다.

소위 말하는 인서울이라 불리는 서열 상위권 대학은 잘해야 7%의 아이들이 갈 수 있다. 전국에서 7% 안에 드는 공부량과 공부 머리를 갖고 있다면 가능한 일이다. 대다수의 93%는 인서울의 서열 상위권 대학에 진입하지 못한다, 우리 아이가 93%에 속할 확률이 10배는 더 넘는다.

이런 말은 꽤 불편한 말이 될 수 있습니다. 위 책의 필자 역시 사교육이 100% 무용하다는 이야기는 아니라고 전제합니다. 다만 억지로 시켜서 하는 공부는 비효율적이며, 오로지 명문대학이나 특정 학과 진학을 위한 결과만을 뽑아내는 행태가 교육의 본질은 아니라는 점을 강조합니다.

학생들을 상담하다 보면 평범한 가정조차 사교육비에 꽤 많은 돈을 들이고 있다는 걸 알게 됩니다. 그런데 투입한 학원비만큼 산출이 잘 이뤄지지 않은 경우들이 많다는 것도 암암리에 알려진 진실입니다. 아무도 이 사실에 큰 이의를 제기하지 않는 것이 놀랍습니다. 학원은 응당 다니는 곳이며 학원에 다녀서 산출이 안 되면 이것은 노력하지 않는 아이 탓이라는 견해를 갖는 분들도 많습니다. 심지어 아이들도 그렇게 말하며 자책합니다.

보통 한 달에 몇십만 원에서 100만 원, 어쩌면 그 이상을 고등학생 자녀에게 들이붓지만 소위 말하는 7% 안에 자녀가 속하지 않는다면 부모님은 속이 상하시겠지요. 당사자도 얼마나 미안할까요. 한 달에 학원비가 영어, 수학 각 30만 원씩 60만 원이라고 가정하면 1년이면 720만 원이고 3년이면 2000만 원이 넘습니다.

자녀 교육하면서 돈 계산하는 게 아니라고 말씀하실지 모르지만 당사자가 다니면서 괴롭고 학원 전기세만 내주는 꼴이라면 과감히 사교육비를 줄이고 자녀의 미래를 위해 다른 방향의 방법을 생각해 봐야 하는 게 아닐까요. 정말 필요한 사교육이 있다면 물론 하는 게 좋습니다. 만약 고등학생이 피아노를 입시가 아닌 취미로 다시 배우고 싶다고 학원을 보내달라고 하면 부모님들은 어떻게 하실까요? 필자는 취미활동을 지지하고 지원하겠습니다. 피아노가 아니라 태권도든 합기도든, 스페인어 회화가 배워보고 싶다면 지원하겠습니다. 혹시 학교 공부를 위해 국·영·수 기초 과목에 대한 요구가 있다면 이것 역시 지원할 것입니다.

이제는 주도권을 서서히 아이에게 넘기는 과정을 밟아야 합니다. 중학교 파트에서 언급한 것처럼 어린시절부터 서서히 의견을 나누고 존중해주는 과정을 거치는 게 좋지만, 고등학교 때 시작해도 늦진 않습니다. 게다가 고등학생 정도면 자신이 필요한 것과 필요하지 않은 것을 분별할 수 있습니다. 부모가 먼저 교육관을 세우고 자녀에게 속마음을 터놓을 필요도 있겠지요.

《엄마 반성문》은 초등학교 교사로서 자녀들을 1등으로 만들기 위해 매섭게 교육했던 저자의 고백과 자기반성이 나옵니다. 자녀들이 숨도 못 쉴 만큼 공부를 몰아붙인 저자는 어느 날 자녀들이 방문을 닫고 자살 시도를 하고 등교 거부를 하고 자퇴를 선언하면서 혼돈에 빠지게 됩니다. 그리고 자녀들이 엄마를 증오하고 있다는 것을 알게 됩니다. 이후 가족구성원들은 피눈물을 흘려가며 정상적인 가족관계 회복을 위해 노력합니다. 우선 자녀들을 몰아붙였던 저자 스스로 욕심을 내려놓고 대화법과 코칭법을 공부하여 적용하기 시작합니다. 아이들은 처음에 엄마의 변화를 거짓이라며 거부합니다. 하지만 지성이면 감천이라고 저자는 아이들이 죽는 것은 원치 않았기 때문에 진심으로 변했고 결국 아이들이 마음의 문을 열게 됩니다.

미니 갭이어는 현재 대부분이 몰입하는 입시성적을 위한 공부나 사교육과는 거리가 먼 활동들로 보일 수 있습니다. 그러나 자녀가 당당한 성인으로 자립하기 위해 꼭 갖춰야 할 역량인 자기주도성과 능동성 등을 갖추게 하는 활동임에는 분명합니다.

(1) 여행

진정한 여행은 새로운 풍경을 보는 것이 아니라 새로운 눈을 가지는 데 있다.
-마르셀 푸르스트

여행을 통한 체험은 어릴 때보다는 고등학교 시기에 필요하며 더욱 유의미한 효과를 낼 수 있다고 봅니다. 중학교 파트에서도 자기주도성을 기르는 과업 중 여행계획을 짜보게 하는 것이 제시되었습니다. 이르게는 초등학교 3~4학년부터라도 가족의 하루여행 일정부터 시작해서 국내여행, 해외여행 계획을 짜게 해보면 좋습니다. 여행이야말로 학교에서 자주 지원해 줄 수 있는 활동이 아니므로 가정에서 꼭 해외나 먼 도시가 아니더라도 여행을 시도하면 좋겠습니다. 안전이 우려된다면 1박이 아닌 아침 일찍 갔다가 저녁에 돌아오는 여행이라도 친구들과 혹은 혼자서 다녀오게 하는 것은 어떨까요.

성인이 된 이후에는 가까운 나라들이라도 혼자 해외여행을 잠깐씩이라도 다녀오게 하는 것도 견문을 넓힐 수 있는 좋은 방법입니다. 가족과의 여행이든 혼자 가는 여행이든 단순히 먹고 즐기는 식도락의 목적이 아닌 '우물 안 개구리'의 시점을 벗어나게 해주는 여행을 방학 때마다 혹은 주말이나 연휴에 기회가 된다면 자주 가기를 추천합니다.

여기서는 고교 졸업 후 장기간의 해외 체험을 비교적 손쉽게 할 수 있는 '워킹홀리데이'와 국내 기차여행을 효율적으로 할 수 있는 '내일로 패스'를 소개하고자 합니다. 워킹홀리데이는 당장은 못 가겠지만 미리 계획을 세워보는 활동을 하면서 미래에 대한 구체적인 상을 그려보게 하는 데 효과가 있습니다.

✳ 워킹홀리데이

워킹홀리데이는 주로 만 18세부터 만 30세의 청년들이 일을 하고 돈을 벌면서 몇 개월 이상 해외에 체류할 수 있는 특권을 주는 제도입니다. 외국에 가서 돈을 벌려면 까다로운 절차를 통해 비자를 받아야 하지만 워킹홀리데이라는 제도를 통해 청년들이 해외에서 경제활동을 하면서 견문을 넓힐 기회를 제공받는 겁니다. 한 마디로 청년에게 특혜를 제공하는 거지요.

《서른의 휴직》은 공무원 시험에 어렵게 합격한 저자가 과감히 휴직하고 처음으로 영국에 6개월을 다녀온 이야기를 풀어낸 에세이입니다. 저자는 가난한 집안 사정을 딛고 어렵게 공무원 시험에 합격합니다. 그러나 공무원 합격 이후 진로와 인생에 대해 고민하게 되었고, 결국 모은 돈을 다 쏟아 영국으로 6개월 어학연수를 떠납니다. 평범한 직장인으로서 학위 목적이 아닌 채 6개월씩 해외에 체류하는 상황은 흔하지 않습니다. 하지만 6개월의 경험이 저자에게 남은 삶을 어깨 펴고 당당하게 살아갈 수 있는 힘을 주었습니다. 단지 대한민국에서 영국으로 배경만 바뀌었을 뿐인데 삶을 바라보는 시각이 바뀌었음을 저자는 고백합니다.

반드시 외국을 나가야지만 뭐가 달라진다는 것은 아닙니다. 하지만 '여기'가 아닌 '저기'에서 한숨 돌리며, 새로운 세상도 보고 실패도 경험하면서 삶을 설계해 보는 작업이 분명 필요하다고 생각합니다. 그리고 외국에서 유행하는 것들이 우리 사회에 아직 보급되지 않았다면 어떻게 적용해 볼 수 있을지 생각해 볼 수 있고, 반대로 우리나라에 있지만 외국에 없는 것들을 보급할 기회도 엿보면서 다양한 시각을 가질 수 있습니다. 그래서 고등학교 때 미리 워킹홀리데이 계획을 세워보게 하는 겁니다.

우선 외교부에서 운영하는 워킹홀리데이 정보제공 공식 사이트가 있습니다. '워킹홀리데이 인포센터(https://whic.mofa.go.kr/whic/main/)'입니다. 유튜브에도 워킹홀리데이에 대한 다양한 정보들이 있습니다. 장점에 대한 이야기도 있고 단점에 대한 이야기들도 있습니다. 장단점을 모두 알 필요는 있습니다. 다만 장점이든 단점이든 개인의 시점에서 나온 이야기임을 기억하셔야 합니다.

자녀와 함께 성인이 되었을 때 해외 어느 나라에서 체류해 보고 싶은지 지금부터 무엇을 준비해야 할지 계획을 세워보는 거예요. 만약 독일 워킹홀리데이를 꿈꾼다면 고등학교 때 독일어 기초를 공부해 둘 수도 있습니다. 또 독일 사회와 우리 사회의 비슷한 점과 다른 점에 대해서도 함께 탐색해 보고 진로에 관한 이야기도 나눌 수 있습니다. 자녀가 23살에 독일 워킹홀리데이를 가기로 계획을 세웠지만 막상 가고 싶지 않을 수도 있습니다. 그러나 계획을 세워보는 것만으로도 의미는 있습니다.

✳ '내일로 패스'를 활용한 기차여행

기차여행을 저렴하게 하는 패스에 대해 소개합니다. 원래의 내일로 패스는 젊은 연령대만 구입할 수 있는 패스였지만 이제 나이대가 확대되었습니다. 국내 여행 정도라면 고등학생이 혼자 계획을 세워보고 실천하는 것도 가능합니다. 7일이 좀 길다 싶으면 당일치기나 2, 3일도 의미 있다고 봅니다. 내일로 패스를 이용하여 방학 중 함께 여행을 간다면 어떻게 갈 것인지 어디를 가고 싶은지 계획을 세워보고 가능하면 실천하게 해도 좋을 듯합니다. 또 KTX 승차권 할인 상품 중 '청소년드림'은 만 13세 ~24세 청소년에게 최소 10%에서 최대 30%까지 할인 혜택을 주는 상품도 있습니다.

워킹 홀리데이, 내일로 패스 계획서

(2) 독서

> 오늘의 나를 있게 한 것은 우리 마을의 도서관이었다.
> 하버드 졸업장보다 소중한 것은 독서하는 습관이었다
> -빌 게이츠

독서 환경 조성에 대해서는 초등학교 파트나 중학교 파트에서 자세한 방법들이 제시되어 있습니다. 여기서는 성인기 입문 전의 고등학생들이 진로 개척을 하는 데 의미를 줄 수 있는 책을 추천하고자 합니다.

다음의 책들을 부모님과 아이가 함께 읽으며 여러 가지 이야기를 나눠 보면 어떨까요? 부모님께서 읽고 좋은 책이 있다면 아이에게 권하고 함께 읽고 느낀 점을 공유하면 좋겠습니다. 이 책들은 기성세대의 고정관념을 깰 수 있기 때문에 부모님들이 읽으셔도 좋은 책들입니다.

✻ 자녀와 함께 읽고 이야기 나눠볼 만 한 책 리스트

1) 《구글은 SKY를 모른다》

저자는 구글 한국인 엔지니어 1호입니다. 그는 SKY로 불리는 대학을 졸업하지 않았고 화려한 스펙이 없지만 구글에 입사하였습니다. 가장 중요한 것은 운명을 개척하겠다는 의지이며 꿈을 이루기 위해 방법을 찾아내 꾸준히 노력하는 것이라고 강조합니다. 책에는 그 이외에도 5명의 젊은 한국 구글인을 소개하고 있습니다. 명문대 출신도 있지만 고등학교 직업 반 출신도 있고 프로그램을 독학한 사람도 있습니다.

대학 간판에 함몰되어 젊음이라는 귀중한 시간을 낭비하기보다 학벌 구조에 얽매이지 않고 자유롭게 창의적으로 자기 꿈을 향해 달려가는 열정이 중요합니다. 간판보다 실력을 쌓는 사람이 되어야 할 것입니다. 원하는 대학에 갈 수 없다고 좌절하기보다 대학 간판을 우선 내려두고 자신이 배우고 싶은 공부를 할 수 있는 곳이라면 어디든 좋다는 마음가짐이 필요한 때입니다.

2) 《글로벌 기업은 성적표를 보지 않는다》

대학에서 취업 특강을 하는 큐리아서티 프로젝트팀이 쓴 책으로 대기업 공채 서류 전형에서 탈락해도 글로벌 기업에 합격하는 사례, 지방대, 문과생, 무스펙 학생들도 자신의 역량을 신장시켜 글로벌 기업에 합격한 사례에 대해 자세하게 나와 있습니다.

지방대에 다니는 것이 패배가 아님에도 불구하고 열패감에 젖어 하루하루를 보내야 할까요. 이제 대기업에서는 공개채용을 폐지하는 추세입니다. 외국기업들은 경력자를 상시 모집하는 경향이 뚜렷하며 우리나라도 이러한 경향을 따라갈 것입니다.

대학에 가기 전에 사회 변화의 흐름을 알고 미리 준비한다면 대학 간판에 연연하면서 귀중한 시간을 낭비하지 않을 것이며 고등학교 시기에 무얼 준비하며 살아야 할지 답이 보일 것입니다.

3)《서울 자가에 대기업 다니는 김 부장 이야기》,《나의 돈 많은 고등학교 친구》

이 책은 현시대 대한민국을 살아가는 사람들이 돈과 직업에 대한 생각을 김 부장, 송 과장 등의 인물을 통해 전달하고 있습니다. 특히 젊은 대리는 욜로YOLO족으로 묘사되며 현대 사회 젊은이들의 모습을 보여주기도 합니다. 워낙 저자의 필력이 좋아 금방 읽을 수 있고 개인적으로는 이 시대의 대표 풍자소설을 꼽으라면 이 책을 꼽고 싶습니다.

또한 자녀들에게 별 잔소리 없이 자연스럽게 경제교육을 시킬 수 있습니다. 돈을 벌고 모으며 어디에 쓸지 체계적이고 합리적인 사고를 길러주며 성인이 된 이후 삶을 살아가는 데 중요한 지식인 자기 계발 영역에도 도움이 됩니다. 그리고 대기업 직원 혹은 중산층이 되는 것이 반드시 인생의 성공을 의미하는 게 아니라는 현실도 깨닫게 해줍니다.

4) 《혼자 하는 공부의 정석》

이 책은 공부의 기본을 알려주는 책입니다. 특히 아예 공부를 해본 적이 없는, 공부 방법을 모르는, 소위 말하는 기본이 부족한 학생들이라면 꼭 이 책을 봐야 합니다. 필자는 공부와 관련한 책 추천을 받으면 항상 이 책을 먼저 추천해 줍니다.

저자는 서울대 경영학과를 다녔고 천재처럼 보이는 학우들을 보며 원인을 탐색하기 시작합니다. 알고 보니 천재처럼 보이는 사람도 실은 남들이 혀를 내두를 정도로 공부량이 많았다는 것을 알게 됩니다. 저자가 소개한 사례 중 반에서 꼴등이었던 남학생이 2~3달 뒤 반에서 3등이 된 에피소드는 공부의 본질을 일깨워 줍니다. 남학생은 학원에 다니지 않고 아래와 같은 방식으로 공부했습니다.

수업 시간 이해가 안되어도 교사 설명 몰입해서 듣기-수업 끝난 후 전시간 수업 내용 한 번만 읽어보기-집에 와서 그날 수업 내용 한 번만 읽어보기-주말에 그 주에 수업한 내용 한 번만 읽어보기

위와 같은 패턴이 습관화되면서 학생은 시험공부할 때 수업 시간 내용이 생생하게 기억나는 기적을 경험합니다.

5) 《빠르게 실패하기》

존 크롬볼츠 교수는 진로교육의 아버지로 불리는 분입니다. 그는 스탠퍼드 대학에서 20년간 '인생성장 프로젝트'를 연구했는데 성공한 사람들은 완벽주의에 함몰되지 않고 우선 시작해 보는 것에서 경력을 쌓는다는

걸 알게 됩니다. 성공한 사람들은 빨리 도전하고 실패하면서 실수를 교정해 배워가고 한 단계 성장합니다.

사람들은 완벽하게 조건이 갖추어졌을 때 시작할 수 있다고 생각합니다. 기회가 오면 능력이 부족하다고 거절하지요. 그러나 불완전한 조건속에서 작은 일부터 일단 시도해보는 것이 중요합니다. 거창한 목표와 완벽한 계획준비라는 압력에서 벗어나야 합니다. 이런 점에서는 진로설계의 색다른 관점을 제시하는 책입니다. 원제는 'Fail Fast Fail Often'입니다. 즉 '빨리 실패하고 자주 실패하라' 입니다. 해보고 싶은 일이 있다면 지금 당장 할 수 있는 작은 행동부터 시작하고 실패를 두려워하지 않아야 빨리 성공할 수 있다는 뜻입니다.

6) 《린치핀》 (누구도 대체할 수 없는 존재)

세스 고딘은 세계적으로 마케팅 분야에서 유명한 사람입니다. 그는 더이상 안정적인 직업이란 없으며 기존의 학교 교육의 사고방식을 가진 사람은 성공할 수 없다고 주장합니다. 공교육은 결국 대량생산체제 시스템에서 조직의 규율 잘 지키는 노동자를 길러내기 위한 교육에서 출발했습니다. 각자의 인생을 독창적인 예술작품으로 생각하고 평균적인 삶에 함몰되지 말고 '누구도 대체할 수 없는 존재'인 '린치핀'이 되는 방법을 제시합니다.

저자는 조직 속에서 규칙에 순응하며 살아가는 사람들을 톱니바퀴로 표현합니다. 그리고 린치핀은 개성적인 사고를 하며 남보다 튀며 독보적인 존재로 살아가는 존재에 붙이는 표현입니다. 대학 간판을 따기 위해 학교 학원을 전전하며 목적 없이 돌지 말고, 어느 곳에 가더라도 린치핀이 될 수 있는 삶을 살기 위해 무엇을 할지 생각해야 합니다.

7) 《몰입 – 인생을 바꾸는 자기혁명》

책 소개에서는 저자에 대해 다음과 같이 소개하고 있습니다. "몰입전문가 황농문 교수는 바로 '몰입'이 천재성을 일깨워 줄 열쇠라고 말합니다. 저자는 30년 가까이 공학연구에 몸담아 온 공학자며 '하전된 나노 입자 이론'으로 최우수논문상을 수상한 과학자입니다. 1990년부터 몰입적 사고를 하며 연구를 수행했고 그때의 경험이 그의 삶을 180°바꿔 놓았습니다."

공부를 잘하고 명문 대학을 나왔다고 해서 한 분야의 전문가나 대가로 능력을 인정받는 것은 아닙니다. 황농문 교수의 강연 중 인상깊었던 내용은 자신이 대학원에서 석박사들 지도를 할 때 지방대 학부 출신 학생 중 연구과제에 몰입하여 과제집착력을 갖고 끝까지 풀어낸 학생이 박사 과정을 마치고 유수의 연구소에 들어갔다는 이야기였습니다.

시험 점수로 표현되는 등급과 점수가 학생의 능력 전부를 대변하지는 않습니다. 이 책은 어떻게 하면 몰입을 할 수 있는지 다양한 분야의 사람들에게 적용할 수 있는 여러 가지 방법들을 제시하고 있습니다. 목표를 이루기 위한 몰입적 사고방식을 알려주는 책입니다.

8) 《회복탄력성》 (시련을 행운으로 바꾸는 마음, 근력의 힘)

연세대 언론홍보영상학부 교수로 재직 중인 저자는 우리나라에 '회복탄력성'이라는 말을 처음으로 사용한 분입니다. 살다 보면 늘 즐거운 일만 일어날 수 없고 고난과 역경이 닥치기 마련입니다. 결국 삶을 행복과 성공으로 이끌기 위해서는 불행을 다루는 기술이 필요합니다. 불행을 극복하고 제자리로 돌아와 다시 목표를 향해 나아갈 수 있는 능력을 회복탄력성이라고 한다면 그 힘을 기르는 것이 학생들의 진로 개발에 있어 중요한 지점이라고 생각합니다. 저자는 운동으로 신체의 근육을 키우듯 마음의 근육인 회복탄력성을 키울 수 있는 몇 가지 방법도 제시하고 있습니다.

진로상담을 하다 보면 성적이 조금 떨어져도 금세 풀이 죽고 과거의 실패에 발목 잡혀 방황하는 학생들을 많이 봅니다. 성공하는 사람은 실패를 맞닥뜨렸을 때 좌절하지 않고 위기를 타파하려고 노력합니다. 이때 필요한 능력이 회복탄력성입니다. 마음의 근력인 회복탄력성을 키우는 것이 삶의 성공과 행복을 위해 필요합니다.

(3) 직업인과의 만남: 원격영상 진로멘토링

모든 소년 소녀는 설령 돈이 필요 없다고 해도
나중에 하고 싶은 직업을 미리 체험할 기회가 있다면 해봐야 한다
-윌리엄 라이온 펠프스

'원격영상 진로멘토링(mentoring.career.go.kr)'이라는 사이트에 들어가면 직업인 특강을 신청해서 실시간으로 볼 수 있는 메뉴가 있습니다. 원격영상 진로멘토링은 교육부와 한국청년기업가정신재단에서 운영하는 사이트로 학교 교사나 학생 개인이 관심있는 직업인 특강을 웹엑스라는 프로그램을 통해 실시간으로 들을 수 있는 사이트입니다.

원래 아일랜드 등에서 하는 갭이어 기간에는 실제 직업 진로 체험을 합

니다. 그러나 우리나라 여건상 직업 체험을 하는 것은 한계가 있습니다. 그래서 간접적으로나마 실제 현장에서 일하는 직업인의 강의를 들어보는 것이 체험을 보완할 수 있는 방법(간접 체험)입니다. 앞에서 설명했다시피 학교에서 직업인 특강을 운영하지만 학생 개인이 원하는 만큼의 욕구를 채우기는 역부족입니다. 언제든 특강을 들을 수 있으므로 부모님이 조금의 관심을 갖고 자녀와 함께 들어도 좋습니다.

필자는 원격영상 진로멘토링을 통해 학교에서 직업인 특강을 운영하고 있는데 아주 만족스럽습니다. 우선 검증된 직업인들이 강의한다는 측면에서 상당히 매력적이었습니다. 지역사회에서 만나기 쉽지 않은 '카카오톡 회사의 인공지능연구원'이라든가 '카지노딜러' 직업인 특강도 이색적이었고, 일과 중에 시간을 내기 힘든 '치과의사'의 특강도 이 원격영상 진로멘토링을 통해 운영하였습니다. 강의의 질이 높고 학생들 만족도도 높은 편입니다.

물론 유튜브에 직업인들의 브이로그라든가 직업에 대한 소개가 잘 나온 동영상들도 많습니다. 원격영상 진로멘토링과 유튜브 동영상 모두 활용한다면 더욱 좋습니다.

＊ 실시간 특강 참여 방법

① 원격영상진로멘토링 사이트에 접속하여 회원가입 후에 로그인을 합니다.

② 수업–수업목록 메뉴에 들어가서 '수업상세검색'을 이용하여 수강 듣고 싶은 수업일, 대상학교급 등을 지정하고 '수강모집중' 버튼을

눌러 참여 가능한 특강을 찾아봅니다. (수업유형은 개인 수강신청으로 지정합니다.)

③ 검색조건에 맞는 특강 중 듣고 싶은 특강을 클릭합니다. 날짜와 시간을 반드시 확인하여야 합니다.

④ 참관 신청을 누르고 신청하면 해당 일시 특강에 참여가능합니다.

그런데 생각보다 개인신청을 받는 특강이 적거나 시간대가 안 맞는 경우가 있을 겁니다. 보통은 학교단위로 신청하여 일과 중에 강의가 이뤄지기 때문입니다. 이럴 경우에는 업로드 되어 있는 강의 동영상 파일을 보는 것도 추천합니다.

✳ 직업인 특강 동영상 시청방법

① 멘토링영상-수업다시보기를 클릭합니다.

② 원하는 직업 키워드를 검색하여 관심있는 직업인 특강을 볼 수도 있고 전체보기를 통해 골라볼 수 있습니다.

아무래도 학교 학생들을 대상으로 실제 수업했던 특강이다 보니 현장성이 살아있습니다. 수업 다시보기 영상은 10여분 내외로 구성되어 직업인 특강의 핵심 내용만 실려 있습니다.

③ '멘토링영상' 메뉴의 '멘토 영상'을 클릭하면 직업인들의 인터뷰 영상도 볼 수 있습니다.

✻ 직업인에게 질문하기

대학에서도 진로직업 계발에 관심을 쏟다 보니 관심 있는 직업인 인터뷰를 해오라는 과제를 내주기도 하더라고요. 그러나 아시다시피 인터뷰라는게 최소 30분~1시간 정도 걸리는 일이고 서신 답변이라고 해도 최소 20분은 투자해야 하겠지요. 바쁜 직장인들이 학생들의 과제에 답을 주기 힘든 경우가 많긴 할 겁니다.

원격영상 진로멘토링 사이트에는 직업인 멘토들에게 직접 질의를 하는 메뉴가 있습니다. 너무 많은 질문보다는 정말 궁금한 것에 대해 질문을 올리면 답변을 보내주실 것입니다. 교사 계정이 아닌 개인 계정으로 접속해도 질문 글쓰기가 가능합니다.

① 원격영상진로멘토링-멘토-멘토소개

② 소개된 멘토 중 관심 있는 직업군의 멘토를 찾아 클릭합니다. 멘토 홈에 보면 개인 계정도 공개를 하신 분이 있습니다. 질문/답변 이라는 메뉴에서 질문을 올릴 수 있습니다.

③ 질문/답변-글쓰기

※ 원격영상진로멘토링 활용에 대해 더 자세히 안내받고 싶다면 원격영상 진로멘토링-멘토링영상-기타에 들어가면 활용 안내 동영상 자료가 탑재되어 있습니다.

(4) 대학탐방

듣는 것은 잊어버리고, 본 것은 기억하고, 직접 해본 것은 기억한다.

백문이불여일견(百聞不如一見)

-공자

요즘 대학들에서는 개방된 모습으로 탐방 및 특강의 기회를 제공합니다. 고등학교로 공문을 보내서 홍보도 하고 입학처 홈페이지를 통해서도 신청을 받곤합니다. 공적인 기회를 활용하면 더없이 좋겠지만 방학을 이용하여 자녀와 함께 가고 싶은 대학, 관심있는 대학, 지역학생이라면 지역대학 위주로 여행코스처럼 편안하게 둘러보는 것도 좋겠습니다. 건물도 둘러보고 교정도 거닐어 보고 주변도 탐색해 보는 겁니다.

개인적인 탐방이므로 대학 입학처의 설명도 들을 수 없지만 한 번도 학교에 가보지 않고 고3 때 무작정 원서를 쓰는 것보다는 도움이 됩니다. 무엇보다 아이의 마음자세를 다르게 만들 수 있습니다. 주의할 점은 무조건 자녀의 성적과 무관하게 탐방 대학을 정하지 않는 것입니다. 자녀의 의사를 존중하고 현재 성적대에서 입학이 가장 유력한 대학을 탐방 후보에 넣는 게 좋습니다. 서로 의견교환을 하고 몇 군데 방문하면 됩니다.

다음과 같은 유튜브 채널은 직접 탐방하기 전에 사전 조사 차원에서 정보를 제공하는 창구역할을 합니다.

대학탐방 TV:
국내 및 해외 대학소개

황태티비Univ:
대학 소개

Univ 찌룩: 대학소개 및 관련직업,
취업 등에 관한 정보

대학 캠퍼스 지도는 포털사이트 검색을 통해 쉽게 구할 수 있습니다. 대학홈페이지에 캠퍼스 안내도가 대부분 탑재되어 있습니다.

(추천검색어: ○○대학교 캠퍼스 안내도)

탐방 전에 계획서를 작성하게 하고 결과에 대해 간단히 기록하게 하면 좋습니다.

대학 탐방 계획서 및 보고서

 참고하면 좋은 자료

학과나 계열별 권장도서 리스트를 인터넷에서 쉽게 찾을 수 있고 이것만 따로 모아 정보를 제공하는 책도 있습니다. 어디까지나 권장일 뿐이며 그 어떤 책이든 고등학교 수준에서 읽을 수 있는 책들은 다 읽어도 됩니다. 다만 어떤 책을 골라야 할지 모르겠다면 권장도서 리스트를 참고할 수 있습니다. 처음에는 권장도서 목록 중에서 골라 읽고, 어떤 책을 골라야 할지 감이 온다면 도서관이나 서점에서 관심 분야의 책을 고를 수 있을 것입니다.

　특정 대학교 추천도서라고 해서 그 대학에 진학할 경우에만 유효한 것은 아닙니다. 어떤 대학이든 같은 학과 비슷한 계열이라면 참고할 수 있습니다. 서울대학교 입학처 홈페이지인 아로리에서는 신입생들의 서재 메뉴에서 학생들이 고등학생 때 읽고 탐구에 활용했던 책들을 소개하고 있습니다. 특히 서울대 입학처 입학웹진 아로리의 경우 학생부종합전형, 면접, 대학 생활 등에 대한 정보도 다양하게 얻을 수 있습니다.

서울대학교입학처–입학웹진 아로리–
고교생활–서울대신입생들의 서재

5장

고교학점제 상식 넓히기

조설아 교사

1 졸업 기준

고교학점제는 한 마디로 고등학생이 대학생처럼 필수 학점을 이수해야지 졸업이 가능한 제도입니다. 2022 개정 교육과정부터(2024년 중학교 3학년이 2025년 고등학생이 되는 시점부터)적용됩니다. 기존의 우리나라 고등학교는 학생이 시험에서 0점을 받거나 수업 시간에 엎드려 자도, 연간 총 출석 일수의 3분의 2 이상만 출석하면 졸업할 수 있었습니다. 그러나 2025년부터 도입되는 고교학점제 제도하에서는 3년간 일정 학점(교과수업 174학점+창의적체험활동 18학점)을 채워야지만 졸업합니다. 학점 이수 기준은 수업 시간에 출석한 시간과 최소성취수준 기준을 만족할 때만 그 과목 학점이 인정됩니다. 최소성취수준은 평가(지필평가 및 수행평가)결과 학업성취율 40%입니다.

고교학점제 원포인트 1

① 졸업 조건: 3년간 192학점 이수=각 과목 출석 3분의 2 이상+평가 결과 학업성취율 40% 이상

② 학점 기준: 1학기 수업을 기준(16주)으로 1주일에 1시간 수업을 들으면 1학점

③ 학기별로 과목 이수가 끝나므로 동일과목을 다른 학기에 수강할 수 없음

예전처럼 가만히 학교만 다닌다고 졸업이 안 되기 때문에 학생들은 수

업에 열심히 참여할 것입니다. 아울러 학교가 갖는 교육 책무성도 더 커집니다. 학교에서는 미도달 학생이 발생하지 않게 책임교육을 해야 합니다. 이를 최소성취수준 지도라고 명명하는데 2023년부터 국어, 영어, 수학을 시작으로 2025년에는 전 과목으로 확대됩니다.

2 학교교육과정 편성

2025년 고1 학생부터 적용될 학점 기준을 상세하게 안내하면 다음과 같습니다.

총 192학점을 채울 때 3년간 국어 교과는 최소 8학점, 수학 교과는 최소 8학점처럼 교과군별로 최소 채워야 할 학점이 있습니다. 다만 국·영·수는 총 81학점을 넘을 수 없으며 174학점 이상으로 교과 학점이 운영되는 경우에도 50%를 넘을 수 없음에 유의해야 합니다.

다음은 2025년 고1 학생부터 적용될 고등학교 모든 과목이 정리된 표입니다.

고등학교 과목 선택 공통 과목 및 선택 과목

그리고 '고교학점제 도입 운영서'(교육부, 2022)에 나온 교육과정 편성예시안을 예시로 들어 설명하겠습니다. 여기에 나온 편성표 예시안은 2015 교육과정 하의 192학점 적용 사례입니다.

192학점을 적용한 교육과정 편성안 예시

교과(군)	공통 과목	필수 이수 학점	자율 이수 학점
국어	공통 국어1, 공통 국어2	8	학생의 적성과 진로를 고려하여 편성
수학	공통 수학1, 공통 수학2	8	
영어	공통 영어1, 공통 영어2	8	
사회 (역사/도덕 포함)	한국사1, 한국사2	6	
	통합사회1, 통합사회2	8	
과학	통합과학1, 통합과학2 과학탐구실험1, 과학탐구실험2	10	
체육		10	
예술		10	
기술·가정/정보/제2외국어/한문/교양		16	
소계		84	90
창의적 체험활동		18	
총 이수 학점		192	

❙ 고교학점제 학점 이수기준

이건 어디까지나 예시안이기 때문에 학교마다 교육 목적과 방침, 학생 성향 및 수요조사 결과에 따라 교육과정이 다르게 운영됩니다.

'학교지정'이란 말은 학생 선택권 없이 배우는 과목들입니다. 1학년은 학생들에게 선택을 부여하지 않고 학교지정과목을만을 배웁니다. 2학년 때부터는 학생 선택과목이 생기기 시작합니다. QR 예시안에서는 '세계지리', '동아시아사', '정치와 법', '경제', '윤리와사상', '사회문제탐구', '물리학 I', '화학 I', '생명과학 I', '지구과학 I', '과학사', '과학과제탐구' 중에서 2개를 선택하면 됩니다. 문과니 이과니 하는 것도 없고 학생이 자유롭게 선택합니다. 2학년 생활교양 과목 중에서는 '일본어 I', '중국어 I', '환경', '실용경제'에서 1개를 선택합니다.

표 안의 숫자들은 운영 학점을 뜻합니다. 예를 들면 1학년 '국어'는 1학기 4학점, 2학기 4학점, 3학년 '스포츠생활'은 1학기 1학점, 2학기 1학점으로 운영된다는 뜻입니다.

보통 2학년에 배울 과목은 1학년 7, 8월 중, 3학년에 배울 과목은 2학년 여름에 선택합니다.

고교학점제 원포인트 2

① '학교지정' 과목은 학생 선택권을 주지 않는 과목

② 2학년 선택과목은 1학년 여름에, 3학년 선택과목은 2학년 여름에 선택

③ 선택 전에 5, 6월 중 선택과목 수요조사를 하여 학생들에게 선택지로 제시할 과목을 정함. 만약 수요조사에서 선호도가 낮게 나올 경우 최종 선택지에서 제외될 수도 있음. 반대로 선호도가 높은 과목은 선택지에 포함될 수 있음. 수요조사는 단순 희망 조사일 뿐, 학생 개인 선택 확정이 아님

④ 학교마다 편성 상황은 상이함

3 수강신청 절차

사전 수요조사	수강신청	수강신청 정정	수업 운영 준비
3, 4월	**9, 10월**	**11월**	**12, 1, 2월**
• 교육과정설명회 진행	• 수강신청 프로그램으로 수강신청	• 수강신청 정정 기간 및 절차 안내	• 수업반 편성
5월	• 수강신청 결과 분석	• 수강신청 정정 기간 운영	• 수업 시간표 작성 (학생별, 교사별, 교실별)
• 교육과정박람회를 통한 과목 안내	• 개설 과목 확정	• 수강신청 정정 완료	• 수업 운영 준비
• 과목 선택에 관한 학생 상담 운영		• 차년도 교육과정 확정	
6월		• 교과서 주문	
• 수강신청 프로그램으로 모든 교과목 대상 사전 수요조사 진행			
7, 8월			
• 수요조사 결과 분석			
• 수강신청 대상 과목 확정			

실제적으로는 8월에 수강신청을 완료하는 학교들이 많습니다. 수강신청 1차 선택을 하고 2차에 정정하는 기간까지 대부분 학교가 8월이나 늦어도 9월 초 안에 마무리하고 있습니다. 과목에 대한 학생들의 선호도를 파악하는 사전수요조사도 보통은 5, 6월 중에 진행됩니다. 학교마다 시기는 약간 다를 수 있습니다.

4 최소성취수준

각 과목에서 최소성취수준에 도달하지 못해 성취도 'I'가 되면 해당 과목 미이수가 되기 때문에 학교에서도 최소성취수준 미도달 예방 교육을 하며 학생 스스로도 최소성취 이상을 달성 하기 위해 노력해야 합니다.

▮ 현행 –향후('25~)

성취율	성취도
90% 이상	A
80% 이상 ~ 90% 미만	B
70% 이상 ~ 80% 미만	C
60% 이상 ~ 70% 미만	D
60% 미만	E

성취율	성취도
90% 이상	A
80% 이상 ~ 90% 미만	B
70% 이상 ~ 80% 미만	C
60% 이상 ~ 70% 미만	D
40% 이상 ~ 60% 미만	E
40% 미만	I

만약 최소성취수준 미도달학생이 발생하면 과목별로 프로그램을 마련하여 방학 중이나 학기 중에 보충수업을 진행하며 추후 회의를 거쳐 최소성취수준에 도달했는지를 결정합니다. 프로그램 출석률, 과제 제출률, 학습 태도, 성취도 검사 결과 등을 보고 종합적으로 판단합니다. 2025년부터는 전 과목에 최소성취수준 보장이 적용됩니다.

예를 들어 '진로와 직업'은 시험을 보지 않으므로 출석률만 따집니다.

혹시라도 '진로와 직업' 시간에 3분의 2 이상 출석하지 않았다면 '진로와 직업'은 미이수가 되므로 과목 특성에 맞는 보충수업을 꼭 받아야 합니다.

고교학점제 원포인트 3

① 각 과목에서 최소성취수준인 학습성취율 40%와 출석률 3분의 2에 도달하지 못하면 과목 미이수 처리가 되어 학점을 채우지 못함

② 학교에서도 미도달 예방 교육을 실시하며 학생 스스로의 노력 필요

③ 미도달 학생 발생 시 학교 보충수업 프로그램을 받고 이에 대한 결과를 토대로 최종 이수/미이수 결정

---

 5 평가 방식 및 대입

---

(1) 내신 평가방식

✳ 2025년 고1부터 내신 5등급제 도입
- 예체능, 교양, 과학탐구실험, 사회과학교과융합선택과목 제외

2025년부터는 고등학교 과목구조도 개편됩니다. 자료에 제시된 과목구조 개편안을 살펴보겠습니다.

현행			개편 방안		
교과	과목		교과	과목	
보통	공통과목		보통	공통과목	
	일반선택과목			선택과목	일반선택과목
	진로선택과목				융합선택과목
전문	전문교과 I (특목고)				진로선택과목
	전문교과 II (직업계고)		전문	전문공통과목	
				전공일반과목	
				전공실무과목	

현행은 2024년 고1에 해당 사항이 있고 개편방안은 2025년 고교학점제 첫 세대 고1에 해당 사항이 있습니다. 기존의 진로선택과목이 융합선택과목으로 명칭과 성격이 달라지고(세부 과목들도 달라짐) 특목고에서 개설했던 전문교과 과목을 진로선택과목으로 명칭을 바꿨습니다.

2025년 고1부터는 성적 산출 방식에 변화가 생깁니다. '미래사회를 대비하는 2028 대학입시제도 개편시안'(교육부, 2023) 자료를 토대로 설명하겠습니다. 2025년에 고1이 되는 학생들은 9등급제가 아닌 5등급제가 도입됩니다.

예체능, 과학탐구실험, 교양과목, 사회과학교과 중 융합선택과목을 제외한 모든 과목은 내신 5급제와 절대 평가점수를 모두 산출하고 생기부에 병기하는 것으로 발표되었습니다. 대입 수시 교과전형에서는 등급을 우선시하여 학생을 평가합니다. 물론 등급이 나오지 않는 과목은 절대평가 성취도가 중요합니다. 절대평가 성취도는 이수와 미이수 기준을 판별하는 요소입니다. 앞에서 말했다시피 성취도 I를 받는 경우 보충수업을 통해 그 과목 이수를 해야 합니다.

(2) 선택과목과 문·이과 구별 없는 통합수능

수능에 있어 가장 큰 변화는 선택과목 없이 모든 수험생이 국어, 영어, 수학, 사회, 과학 과목의 같은 시험문제를 풀어서 등급을 매기는 방식으로의 전환입니다. 특히 수학에서 미적분과 기하를 선택하고 과학 과목을 선택한 학생을 이과로 분류하였는데 이제는 이러한 구별이 없어지게 됩니다. 물론 국어 선택도 없어집니다. 그리고 수학에서는 현재의 미적분과 기하가 출제 범위에 속하지 않습니다.

다음은 교육부 브리핑 자료의 내용입니다.(교육부 홈페이지−교육부소식−보도자료 '2028 입시부터 국어.수학.사회.과학 선택과목 없는 통합형 수능, 내신 5등급 체제 확정')

영역		현행(~2027수능)	개편안(2028수능~)
국어		공통+ 2과목 중 택1 • 공통: 독서, 문학 • 선택: 화법과작문, 언어와매체	공통 (화법과언어, 독서와작문, 문학)
수학		공통+ 3과목 중 택1 • 공통: 수학Ⅰ, 수학Ⅱ • 선택: 확률과통계, 미적분, 기하	공통 (대수, 미적분Ⅰ, 확률과통계)
영어		• 공통(영어Ⅰ, 영어Ⅱ)	• 공통(영어Ⅰ, 영어Ⅱ)
한국사		• 공통(한국사)	• 공통(한국사)
탐구	사회·과학	17과목 중 최대 택2 • 사회: 9과목 한국지리, 세계지리, 세계사, 동아시아사, 경제, 정치와법, 사회·문화, 생활과윤리, 윤리와사상	• 사회: 공통 (통합사회)
		• 과학: 8과목 물리학Ⅰ, 화학Ⅰ, 생명과학Ⅰ, 지구과학Ⅰ, 물리학Ⅱ, 화학Ⅱ, 생명과학Ⅱ, 지구과학Ⅱ	• 과학: 공통 (통합과학)
	직업	1과목: 5과목 중 택1 2과목: 공통+[1과목] • 공통: 성공적인직업생활 • 선택: 농업기초기술, 공업일반, 상업경제, 수산·해운산업기초, 인간발달	• 직업 : 공통 (성공적인 직업생활)
제2외국어/ 한문		9과목 중 택1 • 제2외국어/한문: 9과목 독일어Ⅰ, 프랑스어Ⅰ, 스페인어Ⅰ, 중국어Ⅰ, 일본어Ⅰ, 러시아어Ⅰ, 아랍어Ⅰ, 베트남어Ⅰ, 한문Ⅰ	9과목 중 택1 • 제2외국어/한문: 9과목 독일어, 프랑스어, 스페인어, 중국어, 일본어, 러시아어, 아랍어, 베트남어, 한문

※ 음영표기는 "절대평가" 적용 영역

6 왜 고교학점제인가?

    교육부는 4차 산업혁명 시대를 맞이하여 선다형 시험만 잘 보는 단순 암기형 인재보다는 자율성과 창의성을 가진 인재가 육성되어야 하고 이를 뒷받침할 수 있는 제도가 고교학점제라고 말합니다. 게다가 학생 수가 급감하고 있으므로 한 명 한 명 모두 소중한 인재들이기에 학교 교육은 종전 방식처럼 '알아서 졸업하라'가 아닌 '학교가 책임지고 교육하여 졸업하게 하라'로 변해야 한다고 주장하고 있습니다. 모든 학생이 뒤처지지 않고 인재로 성장하게 학교가 뒷받침해야 한다는 것이지요.

    인적자원이 전부라고 해도 과언이 아닌 우리나라에서 새 시대 걸맞은 인재 양성 교육이 절실합니다. 2028 대입 시안은 사실상 교사 교육력 제고에 초점이 맞춰져 있다고 해도 과언이 아닙니다. 즉 새 시대 양성을 위해 공교육 질의 제고가 필수적이기 때문입니다. 교육부 발표안에는 다음과 같이 명시되어 있습니다.

> (全교사 역량강화) 모든 고교 교사의 혁신적 평가역량 확보('24.~'25.)
> - 집중적으로 양성된 수업·평가 전문성이 높은 핵심·선도교원(3000여명)이 1인 1고교 전담으로 평가역량 강화 연수 진행
> - 교사 연구대회·학습공동체 등 현장의 자율적인 연구·협력을 바탕으로 한 평가방식 고도화 촉진

    이 부분을 상당히 주의 깊게 봐야 합니다. 고교학점제하에서는 학생

이 수업 내용을 잘 이해하고 이수하기 위해 노력해야 하는 부분도 있지만 교사가 학생 모두 이 수업을 이해할 수 있게 잘 가르쳐야 할 의무도 더 막중해집니다. 그리고 내신 변별력에 의구심을 갖는 세간의 시선을 불식시킬 방법은 제도권 교사들의 수업력을 제고하고 평가에 객관성과 전문성을 갖는 길뿐입니다. 학부모님들이나 제도권 밖의 사람들이 교사들의 전문성과 교육력을 인정한다면 내신 평가 결과에 의문을 제기할 수 없기 때문입니다.

결국 2028 대입 시안과 맞물려 고교학점제 시대에서는 학교 교육 정상화라는 대전제 아래 교사 교육력 제고가 화두가 되고 중요한 목표가 될 것이며 학생들은 본인 학점 이수에 최선을 다해야 할 것입니다.

고교학점제 원포인트 4

① 고교학점제 → 새 시대 자율성과 창의성을 가진 인재를 기르기에 적합

② 고교학점제 → 학생 수 감소에 따라 학생 한 명 한 명이 소중한 존재이므로 학교가 책무성을 갖고 학생 교육에 임하며 학생 개인도 책임감을 갖고 학습

---

 7 고교학점제 시대를 대비하는 마음가짐

교육부의 발표는 고교학점제의 취지를 살리는 것에 방점을 두고 있고 기존의 암기식 교육방식이 미래사회 인재를 키워내는데 적합하지 않다는

것을 전제하고 있습니다.

학부모님들은 고교학점제의 본질과 교육과 양육의 방향성에 대해서 먼저 생각하셨으면 합니다. 우리 아이들이 살아갈 미래사회가 예전처럼 단순히 지식을 많이 암기한다고 해서 성공과 행복을 보장받는 시대가 아니라는 걸 이미 알고 계십니다. 학교 평가의 본질은 학생이 어느 부분을 알고 있는지, 그리고 어느 부분이 취약한가 분석하여 보완하는 것에 초점이 맞춰져야 합니다. 물론 현실적으로 내신 혹은 수능의 결과가 대입의 중요 요소라는 것은 부인할 수 없습니다. 하지만 모두가 서열 구조의 최상위에 들어서겠다고 시간과 돈과 에너지를 낭비하는 것이 과연 학생 개인에게 도움이 되는 것일까요.

학벌 졸업장이 모든 것을 보증하지 않는 시대입니다. 교육자와 양육자는 학생이 대학 간판에만 목숨 걸게 몰이해서는 안 됩니다. 학생이 흥미 있고 잘할 수 있는 분야를 개척할 수 있게 도움을 줘야 합니다. 대입제도가 어떻게 변하든 성공하고 행복하게 사는 이들의 본질은 변하지 않습니다.

과학커뮤니케이터 이선호씨 '세바시 강연'

세바시 강연 중 이선호 씨의 강연을 소개하고자 합니다. 서울대 의대를 다녔지만 극심한 우울증과 불안증에 시달렸던 그는 자신이 진짜 원하는 삶의 모습, 행복에 대해 고민했고 결국 의사의 길을 접고 지금은 과학커뮤니케이터로 살아가고 있습니다. 이 강연 동영상 댓글에 이선호 씨가 직접 적은 글중 일부를 소개합니다.

저는 과학이라는 분야를 좋아했었지만, 무조건 1등을 해야 성공할수 있다는 대한민국 사회전반의 잘못된 문화가 저의 신념으로 자리잡혀서 그걸 믿고 살아가다 보니 구체적으로 과학분야중에서도 제가 진짜 좋아하는 분야를 찾기엔 심적으로도 환경적으로도 한계가 있을수밖에 없었습니다. 20대 후반 늦었다면 늦은 나이에 제가 어떤사람인지도 파악이 안된 자아가 불안정한 시기, 집안의 사정은 쉽게 나아지지 않았고, 나름 열심히 살아오던 저에겐 큰 방황이 찾아왔습니다. 20대 후반이 되어서야 제가 살아가는 길이 진짜 맞는지, 문득 의문이 들었고, 그순간 저는 인생의 길을 잃어버린 것 같았습니다.

그런 상황에서 저는 집안의 빚이라도 해결하였으면 하는 마음으로 평생 모아온 돈을 잘못된 주식 투자로 모두 잃어버리고, 큰 빚까지 안게 되었습니다. 2013년에 입학한 저는 무려 9년이 넘는 기간동안 박사 졸업도 못하고, 집안, 그리고 제자신의 상황도 점점 구렁텅이로 빠지는 상황이었고, 경상도에서 나고자라고 장남으로 커온 저는 제 성격상 가족을 포함한 그 누구에게도 평생 저만의 속앓이를 들려주지 못했습니다. 이게 곪아 터져서 심한 우울증이 왔습니다. (중략) 물에 빠진 생쥐가 지푸라기라도 잡는 심정으로, 아주 작은 목표부터 세우면서 제 인생을 새롭게 변화시켜 나가보자라는 결심을 했습니다.

(중략) 더이상 과학자라는 타이틀이 중요한게아니라, 내가 좋아하고 잘하는것들이 문장으로 표현이 되더라구요. "나 이선호는 사람들 앞에서서 과학을 쉽고 재밌게 설명하면서 살아야겠다" 라구요. 이때 저는 몸은 힘들

지만 마음만큼은 행복해지는 걸 느꼈고, 제 기준이 잡히니까 제가 나아가야할 방향이 보이기시작했습니다. (하략)

외국에도 학벌주의는 존재하나 학생 중 소수가 경쟁구조에 참여할 뿐 나머지 대부분은 자신이 하고 싶은 일을 하며 직업을 갖고서 당당하고 행복하게 살아갑니다. 즉 대다수 사람들은 학벌 구조에 동참하지도 않고 동참할 필요를 못 느낍니다. 학벌이 모든 것을 증명하는 척도도 아니고요.

반면 우리나라는 모든 아이를 학벌 구조에 밀어 넣고 있습니다. 이것이 잘못되었기 때문에 고치려고 노력 중이며 실제 학벌구조의 균열이 조금씩 일어나고 있습니다. 잘못된 구조(학벌주의, 1등지상주의, 성적지상주의) 속으로 계속 아이들을 밀어 넣는 것이 기성세대가 할 일일지 고민해 봐야 할 시점입니다.

참고하면 좋은 자료

★ 2022 개정교육과정(2025학년도 고1~) 과목선택 안내자료

경기도교육청 홈페이지–통합자료실–과별자료실–제2부교육감소속–663번 자료
제목: 2022개정교육과정 기반 '고등학교 과목선택 안내자료' 배포

2025학년도 고1 학생부터 적용될 과목들에 대한 상세한 안내가 되어 있는 자료집입니다. 현재 각 교육청에서 2022 개정교육과정 선택과목 안내에 대한 자료들을 제작하고 있습니다.

★ 이주호 교육부 장관 대담

2028 대입제도 개편안 발표 이후 10월 12일 한 라디오 시사프로에 이주호 교육부 장관이 출연한 대담입니다. 발표자이며 교육부 수장의 입장을 직접 들어보는 것이 우선일 듯합니다.

이주호 "내신 9등급제 세계 유일, 5등급 개편 후 변별력 충분"
'CBS라디오 〈박재홍의 한판승부〉'

★ 이주호 교육부 장관 인터뷰

이주호 "교사 평가역량 강화되면 한번 더 대입 개편…
특목 · 자사고 유리? 사교육 불안 마케팅"
(한국일보. 2023.10.16.)

★ 생활기록부

수시에서는 생활기록부의 성적 혹은 성적 포함 비교과 활동 상황을 분석하여 학생을 선발하기 때문에 생활기록부에 어떤 내용이 기록되는지 아실 필요가 있습니다.

학교생활기록부 종합지원 포털란에 들어가시면 생활기록부가 무엇인지 개략적인 설명이 나와있습니다.

학교생활기록부 종합지원 포털란

기재 항목

학생 기본사항	비교과 활동
• 인적 · 학적사항 [공통] • 출결상황 [공통] • 수상경력 [중] [고] • 자격증 및 인증 취득상황 [고] • 학교폭력 조치 사항 관리 [공통][8]	• 창의적 체험활동상황 [공통] (자율. 동아리. 봉사. 진로희망사항. 안전한 생활 [초] / 시간&특기사항) • 자유학기활동상황 [중] • 독서활동상황(도서명&저자) [중] [고]
교과학습 발달상황	**행동특성 및 종합의견**
• 교과목 [공통] • 원점수, 과목평균 [중] [고] ※표준편차, 성취도별 분포비율 등은 학교급 · 과목별로 상이함 • 성취도(A, B, C, D, E) [중] [고] • 석차등급(1~9등급) [고] • 세부능력 및 특기사항(교과활동&성장 과 정) [공통]	• 수시로 관찰하여 누가 기록한 학생의 행동 특성 [공통] • 총체적으로 학생을 이해할 수 있는 종합의 견 [공통]

학교생활기록부 작성 및 관리지침(시행 2023. 3.1., 교육부훈령 제433호) 별지에 생활기록부Ⅰ과 생활기록부Ⅱ가 나옵니다. Ⅰ과 Ⅱ는 기록 내용이 같으나 당해 연도의 생기부는 학생과 학부모는 서술형으로 쓰인 부분(정성평가적인 부분)을 확인할 수 없는 Ⅰ만 볼 수 있습니다. 대입에서 활용하는 부분은 학교생활기록부Ⅱ입니다.

---

8 기존에 행동발달 및 특기사항이나 출결사항 등에 기재하던 학교폭력 가해자 처벌 사항이 2024년 신입생부터 '학교폭력 조치사항 관리' 메뉴에 따로 기록하게 바뀌었습니다. 특히 6호(출석정지) 7호(학급교체) 조치는 졸업 직전 심의를 통해서만 삭제가능하며 심의를 통과하지 못하면 졸업 후 4년간 기록이 보존됩니다. 8호(전학)는 졸업 후 4년간 삭제되지 않고 9호(퇴학)는 영구적으로 삭제되지 않습니다. 현재 학생부종합전형 뿐만 아니라 수시교과전형이나 정시에서도 학교폭력조치 사항에 감점을 주기 때문에 사실상 학폭 가해학생은 대학 입학이 쉽지 않게 되었습니다. 이에 대한 상세한 정보는 '대한민국 정책브리핑-학교폭력 가해기록 졸업 후 4년간 보존된다(2024.03.05.)'를 통해 얻으실 수 있습니다.

여기에는 학교생활기록부 작성 및 관리지침([시행 2024. 3. 1.] [교육부훈령 제477호, 2024. 2. 8., 일부개정]) 별지8호 학점제를 적용받는 학생 학교생활기록부 Ⅱ 양식을 실어놓겠습니다.

내일교육 '학교생활기록부 Ⅰ · Ⅱ의 차이는 무엇인가요?'

학교생활세부사항기록부(학교생활기록부Ⅱ)
〈학점제를 적용받는 학생〉

★ 수시 '학생부종합전형' 대입에서 반영하지 않는 생기부 항목

생기부의 모든 항목이 대입에 반영되는 것은 아닙니다. 반영되지 않는 항목은 학생부 주요 항목 내 변경사항 표에 미반영이라고 나온 항목들입니다.

'2024학년도 학교생활기록부 기재요령'에 표로 다음과 같이 정리되어 있습니다. 2024(2023년 고3)~2026(2023년 고1)학년도 대입 부분을 보시면 됩니다.

▎ 대입제도 공정성 강화 방안
(2019.11.28.)에 따른 학생부 주요항목 내 변경 사항

구분		학생부 신뢰도 제고방안	대입제도 공정성 강화방안
		2023학년도 대입	2024~2026학년도 대입
교과활동		• 방과후학교 활동(수강) 내용 미기재	• 방과후학교 활동(수강) 내용 미기재 • **영재 · 발명교육 실적 대입 미반영**
비교과영역	동아리활동	• 자율동아리는 연간 1개(30자)만 기재 • 청소년단체활동은 단체명만 기재 • 소논문 기재 금지	• **자율동아리 대입 미반영** • **청소년단체활동 미기재** • 소논문 기재 금지
	봉사활동	• 특기사항 미기재 • 교내 · 외 봉사활동실적 기재	• 특기사항 미기재 • **개인봉사활동실적 대입 미반영** 단, 학교교육계획에 따라 교사가 지도한 실적('(학교)'로 등록)은 대입 반영
	진로활동	• 진로희망분야 대입 미반영	• 진로희망분야 대입 미반영
	수상경력	• 교내수상 학기당 1건만 (3년간 6건) 대입 반영	• **대입 미반영**
	자격증 및 인증취득 상황	• 대입 미반영 (국가직무능력 표준이수상황은 제공)	• 대입 미반영 (국가직무능력 표준이수상황은 제공)
	독서활동	• 도서명과 저자	• **대입 미반영**

※ (미기재) 학생부 기재항목에서 삭제(2021학년도 고1부터, 2024학년도 대입 기준 졸업생은 대입전형자료로 미전송), (미반영) 학생부에는 기재하되, 대입전형자료로 미전송(2024학년도 대입)

※ '대입제도 공정성 강화 방안'의 학생부 관련 변경 사항은 2024학년도 대입부터 적용(졸업생 포함)

세부적으로 항목을 나눠 중요한 내용을 짚어드리겠습니다.

★ 수상경력

교내외 대회 수상실적이 기록은 되지만 대입에 전혀 반영되지 않습니다. (다만 카이스트, 지스트 등 일부 대학에서 자체적인 자기소개서를 아직 받고 있으며 혹시 우수성을 입증하는 과정에서 학교장 승인을 받은 교내외 활동에 대한 입증자료 등을 증빙서류로 제출하기도 합니다.)

★ 자격증 및 인증 취득 상황

반영하지 않습니다. 간혹 조리학과나 미용학과 지망생들이 자격증을 취득하면 대입에 유리할 것이라 판단하지만 대부분 교과전형으로 선발하기 때문에 자격증이 없어도 성적이 합격권 안에 들면 선발됩니다. 대부분의 조리학과와 미용학과는 성적이 제일 중요한 합격 요소입니다.

★ 봉사활동 중 교외 봉사활동

교내 봉사활동은 대입에 반영됩니다. 하지만 개인적으로 외부에서 하는 봉사활동은 생기부에 기록되어도 대입에 반영되지 않습니다.

★ 독서활동상황

이 부분은 읽은 책 제목과 저자명만 기록되는 부분입니다. 대입에는 반영되지 않습니다. 그러나 이런 경우는 기록되고 반영됩니다. 예를 들면 '통합사회' 시간에 정의에 대해 배운 뒤 이 부분 중 궁금하고 더 탐색하고 싶은 것이 있어 《정의론과 사회윤리》를 읽고 각 학자의 정의론을 비교 분석하고 특정 철학자의 정의론이 구현된 제도에 대해 탐구하여 보고서를 쓴 뒤 수업 시간에 발표했다면 통합사회 세부능력 및 특기사항 부분에 "《정의론과 사회윤리》를 읽고 -점을 비교 분석하고 -제도가 -식으로 구현되었다는 점을 탐구하여 발표함." 이런 식으로 기록이 가능합니다.

즉 단순히 책을 읽고 독후감을 쓴 것은 대입 반영이 안 되지만 책을 읽고 이것을 토대로 특정 주제를 탐구하여 보고서를 쓰거나 발표하거나, 실험 등을 하는 후속 활동을 한다면 생기부의 세부 능력 및 특기사항이나 비교과 활동에 활동 내용과 더불어 책제목이 들어갈 수 있습니다.

그리고 카이스트의 경우 2024학년도 모집요강을 살펴보면 학교장추천전형에서 독서이력에 대해 제출하는 서류가 있습니다. 3권 이내의 책을 선정하여 300자 소감을 기록하여 제출하는 것입니다. 그러므로 독서활동 상황이 대입에 반영되지 않는다고 해서 독서가 불필요한 것은 아닙니다.

★ 영재·발명교육실적

생기부에 기록은 되지만 대입에 반영되지 않습니다.

★ 동아리 중 자율동아리

동아리는 보통 2가지 종류로 운영합니다. 한 개는 창의적체험활동의 일반 동아리입니다. 생활기록부에 기록되며 대입에도 반영됩니다. 자신의 적성과 흥미에 따라 가입하며 학교에서 정해진 시간에 활동합니다. 또

하나의 동아리는 자율동아리입니다. 정규시간에 운영하지 않고 방과후나 주말에 활동합니다. 생활기록부에 자율동아리 명칭까지만 기록되고 이마 저도 대입에 반영되지 않습니다.

참고 자료

1장.

- 매일경제. 2023.09.12., 사설-수능 응시자 셋 중 한 명 n수생, '입시낭인' 사회적 비용 너무 크다.
- 월간중앙. 2023.06.28., 세태취재 | 'SKY' 마다하고 '의대 낭인' 택하는 n수생의 속사정

2장.

- '우리 아이 학교 보내기'(경남교육청)
- '초등진로 교육 지원자료'(서울특별시교육청)
- '에듀위키' 검색어: 학문중심 교육과정-조직(나선형교육과정)
- 김만준 -모모 (https://www.lyrics.co.kr/?p=363441#google_vignette)
- 《환영받는 인재》(숙명여자대학교 역량개발센터, 시그마프레스)
- 국어교육학사전(서울대학교국어교육연구소,1999)
- 《낭독혁명》(고영성 김선 저, 140-141쪽)

징검다리: 초등학교에서 중학교로

- 에듀넷 티-디지털교과서 (https://dtbook.edunet.net/viewCntl/dtIntro?in_div=nedu)

- EBS 중학 (https://mid.ebs.co.kr/premium/middle/index)
- EBS 초등 (https://primary.ebs.co.kr/main/primary)
- 워크넷 – 직업진로 – 청소년심리검사 – 초등학생 진로인식검사 (https://www. work.go.kr/)

3장.

- 위키피디아 〈스페이스 오페라 극장〉
- '2024학년도 울산광역시 고등학교 입학전형 기본 계획'(울산광역시 교육청 중등 교육과, 2023)
- 네이버 지식백과 직업흥미검사 설명 참고
- 나남 뉴스, 2023.03.21., 내 MBTI 아직도 모른다면…MBTI뜻부터 성격유형 종류 특징까지 한번에 정리
- 한국MBTI심리연구소 – MBTI 정식검사 무료 (https://www.kmbti.co.kr/MBTI test/lending.php)
- 에빌하우스 망각 곡선 《인지심리학과 그 응용》(존 로버스 앤더슨, 이영애 역. 2012)
- 네이버 지식백과 '상담학사전' – 에빙하우스 곡선 설명 참고

4장.

- 미래사회를 대비하는 2028 대학입시제도 개편 확정안(2023.12.27. 교육부 발표자료)

- 대학어디가 사이트 (https://www.adiga.kr/uct/asi/dct/glossaryView.do?menuId=PCUCTASI3100)

- 2027학년도 EBS입시자료집

- 경희대학교, 2023학년도 수시 교과전형 결과(일부학과)

- 경희대학교, 2023학년도 수시 네오르네상스(학종)전형 결과(일부학과)

- 단독 서울대 고대 이어 연대 2026 정시부터 교과반영..N수생/수도권 정시 싹쓸이 줄어드나-베리타스알파, 2023.05.04.

- 동아일보, 2019.06.25., 육동인-강원대 초빙교수 및 직업학 박사-칼럼 (https://www.donga.com/news/article/all/20190625/96165135/1)

- 서울대학교 전공연계 이수 과목 (https://admission.snu.ac.kr/undergraduate/notice?md=v&bbsidx=141181)

- 경희대학교 입학처 권장과목 안내 리플릿 (http://iphak.khu.ac.kr/detail.do?menuurl=wvOt10B5et6zMa%2FM59G%2BxQ%3D%3D&board_seq=7859&pageNo=1&categoryid=0&userpwd=)

- 대학 어디가 TV (https://www.youtube.com/watch?v=vsK01dhpvZ4)

- 커리어넷 홈페이지

- 전북대학교-사학과-교육과정 (https://history.jbnu.ac.kr/history/8685/subvicw.do)

- 전남대학교-사학과-교과과정 (https://history.jnu.ac.kr/history/14355/subview.do)

- 전주대학교-역사콘텐츠학과-전공교과소개 (https://www.jj.ac.kr/history/

academic/major.jsp)

- 건국대학교-사학과-교육과정 (https://khistory.konkuk.ac.kr/khistory/ 4120/subview.do)
- 네이버 지식백과 갭 이어 설명 참고
- 대학탐방 TV(https://www.youtube.com/@univstory)
- 황태티비Univ (https://www.youtube.com/@univ8767)
- Univ 찌룩 (https://www.youtube.com/@Univ)

5장.

- 2022개정 고등학교 과목선택 안내자료(경기도교육청, 2023.08)
- 고교학점제 도입 운영서(교육부연구자료, 2022)
- 고교학점제 종합추진계획'(교육부, 2021)
- 이선호씨 '세바시 강연' (https://youtu.be/z8zL59lxViI?si=ivMZ5iNDuLQ_8 fMH)

참고 자료

- 경기도교육청 홈페이지 자료집 (https://www.goe.go.kr/home/bbs/bbsDetail. do?menuId=100000000000249&menuInit=13%2C1%2C2%2C0%2C0&sea rchTab=data&searchCategory=&reservYn=N&bbsId=1036060&bbsMaste rId=BBSMSTR_000000030136&pageIndex=7&schKey=TITLE&schVal=)
- 이주호 교육부장관 대담 (노컷뉴스. 2023.10.13. https://n.news.naver.com/

mnews/article/079/0003822468?sid=102)

- 이주호 교육부 장관 인터뷰 (한국일보, 2023.10.16. https://www.hankook-ilbo.com/News/Read/A2023101421580002603?did=NA)

- 학교생활기록부 종합 지원포탈: 학교생활기록부란?(https://star.moe.go.kr/web/contents/m10400.do)

- 내일교육 '학교생활기록부 Ⅰ·Ⅱ의 차이는 무엇인가요?' (https://naeiledu.co.kr/27095)

- '2024학년도 학교생활기록부 기재요령' 중(교육부, 한국교육과정평가원, 2024.2)

고교학점제, 어떻게 대비할 것인가

1판 1쇄 발행 2024년 8월 20일
1판 2쇄 발행 2024년 11월 10일

지은이 김성아, 허인선, 조설아
펴낸이 이윤규

펴낸곳 유아이북스
출판등록 2012년 4월 2일
주소 서울시 용산구 효창원로 64길 6
전화 (02) 704-2521
팩스 (02) 715-3536
이메일 uibooks@uibooks.co.kr

ISBN 979-11-6322-150-0 03370
값 18,000원